LA GARANTIE

ET

DES VICES RÉDHIBITOIRES

DANS

LE COMMERCE DES ANIMAUX DOMESTIQUES

d'après la loi du 2 août 1884

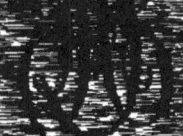

PARIS

DE LA GARANTIE

ET

DES VICES RÉDHIBITOIRES

DANS

LE COMMERCE DES ANIMAUX.

Ouvrages du même auteur qui se trouvent chez le même Libraire.

DES HARAS DOMESTIQUES EN FRANCE (ouvrage destiné à montrer aux cultivateurs les moyens d'élever, avec profit, les races de chevaux les plus convenables à leur exploitation); in-8.
6 fr. et 7 fr. 50 c., franc de port.

DES ASSEMBLÉES AGRICOLES en Angleterre; 1819, in-8. 30 c. et 35 c.

NOTICE sur les chevaux anglais et sur les courses en Angleterre; in-8.
1 fr. 50 c. et 1 fr. 75 c., franc de port.

NOTICE sur quelques races de chevaux, les haras et les remontes dans l'empire d'Autriche; in-8. 1 fr. 50 c. et 1 fr. 75 c.

NOTICE sur les courses de chevaux en France, etc.; in-8. 1 fr. 25 c. et 1 fr. 50 c.

ESQUISSE de Nosographie vétérinaire, ou Abrégé de médecine vétérinaire; in-8. 5 fr. et 6 fr.

NOTICE sur la fabrication du fromage parmesan et sur la culture des prairies appelées *marcites* (dans l'ouvrage intitulé : *Art de faire le beurre et les meilleurs fromages*); in-8, fig., 2ᵉ édition. 4 fr. 50 c. et 5 fr. 25 c.

NOTICE sur la culture en rayons des turneps ou gros navets, telle qu'on la pratique en Angleterre; in-8, fig.
2 fr. et 2 fr. 50 c., franc de port.

CHEVAUX ANGLAIS DE PUR SANG, ce que l'on doit entendre par ces mots; in-8.
1 fr., franc de port.

DE

LA GARANTIE

ET

DES VICES RÉDHIBITOIRES

DANS

LE COMMERCE DES ANIMAUX DOMESTIQUES,

d'après la loi du 20 mai 1838 ;

PAR J.-B. HUZARD,

médecin vétérinaire, membre de la Société royale et centrale d'agriculture, de la Société philomathique de Paris, du Conseil de salubrité ; correspondant de l'Académie royale des sciences de Turin et de plusieurs Sociétés d'agriculture des départements ; de la Légion d'honneur.

A PARIS,

CHEZ M.{me} V.{e} HUZARD, IMPRIMEUR-LIBRAIRE,
RUE DE L'ÉPERON-SAINT-ANDRÉ-DES-ARCS, N° 7.

1839.

TABLE DES MATIÈRES.

                                      Pages.

AVANT-PROPOS.   1

PREMIÈRE PARTIE.

Chap.

I. Généralités sur la garantie et les vices rédhibitoires.   3

II. Usages anciens qui avaient force de loi relativement aux vices rédhibitoires des animaux domestiques et à la durée de la garantie de ces vices.   6

III. De la garantie et des vices rédhibitoires tels que les avait fixés le code civil.   18

IV. LOI DU 20 MAI 1838 CONCERNANT LES VICES RÉDHIBITOIRES DANS LES VENTES ET ÉCHANGES D'ANIMAUX DOMESTIQUES.   24

V. De la garantie conventionnelle.   33

VI. Du refus de la garantie légale.   38

VII. La garantie a toujours lieu pour les

Chap.		Pages.
	animaux attaqués de maladies contagieuses.	39
VIII.	Des défauts et des maladies rédhibitoires des animaux domestiques d'après la loi du 20 mai 1838, et des précautions à prendre dans l'examen des animaux qu'on soupçonne attaqués de ces vices. . .	41
§ 1er.	Vices rédhibitoires du cheval, de l'âne et du mulet.	ib.
	Fluxion périodique des yeux. . . .	ib.
	Épilepsie.	48
	Morve.	51
	Farcin.	56
	Maladies anciennes de poitrine ou vieilles courbatures.	58
	Immobilité.	60
	Pousse.	65
	Cornage chronique.	69
	Le tic sans usure des dents. . . .	75
	Les hernies inguinales intermittentes.	77
	Boiterie intermittente pour cause de vieux mal.	80

Chap.		Pages.
§ 2.	Vices rédhibitoires pour l'espèce bovine.	95
	Phthisie pulmonaire ou pommelière	*ib.*
	Épilepsie ou mal caduc.	99
	Les suites de la non-délivrance après le part chez le vendeur.	100
	Le renversement du vagin ou de l'utérus après le part chez le vendeur.	101
§ 3.	Vices rédhibitoires pour l'espèce ovine.	103
	La clavelée.	*ib.*
	Le sang-de-rate.	107

DEUXIÈME PARTIE.

IX.	Manière de procéder dans le cas d'existence de vices rédhibitoires.	111
	1. A l'amiable devant un vétérinaire.	*ib.*
	2. A l'amiable devant le juge de paix.	115
	3. Judiciairement devant le juge de paix.	117
	4. Devant un tribunal de commerce.	121
	5. Devant un tribunal civil.	127
X.	Arbitres rapporteurs.	129
XI.	De quelques devoirs du vétérinaire	

Chap.		Pages.
	choisi, ou pour arbitre, ou pour expert, ou pour arbitre rapporteur.	131
XII.	De quelques points de jurisprudence vétérinaire commerciale. . . .	139
XIII.	Une dérogation à la loi du 20 mai 1838.	160
XIV.	Pièces judiciaires	174
	1. Demande de recours en garantie.	ib.
	2. Ordonnance du juge de paix. .	175
	3. Procès-verbal d'expert. . . .	176
	4. Autre procès-verbal d'expert. .	178
	5. Autre procès-verbal d'expert. .	182
	6. Compromis pour nommer un expert à l'amiable.	190
	7. Rapport d'arbitre.	191
	8. Autre rapport d'arbitre. . .	199
	9. Autre rapport d'arbitre. . .	203
	10. Autre rapport d'arbitre. . .	214
	Note additionnelle sur l'ouverture des animaux morts.	222

AVANT-PROPOS.

La médecine vétérinaire n'est pas en aide à la société seulement pour guérir les animaux, elle l'est encore dans les contestations relatives au commerce de ces mêmes animaux, et dans celles provenant de blessures faites par accident ou par méchanceté; enfin elle rend d'imminents services quand il s'agit des précautions à prendre ou à prescrire, lorsque des maladies épizootiques et contagieuses portent la désolation dans les villes et dans les campagnes : la branche qui s'occupe de ces objets est le *Droit vétérinaire* ou la *Médecine légale vétérinaire;* et elle peut, suivant ces objets, se diviser en quatre sections, sous les dénominations de 1° droit vétérinaire commercial, 2° droit vétérinaire en matière civile, 3° droit vétérinaire en matière de police correctionnelle, et 4° police médicale vétérinaire.

Le droit vétérinaire commercial est ce qui occupe le plus souvent les tribunaux, et c'est de cette partie seule qu'il s'agit dans cet ouvrage : mais comme *la garantie et les vices rédhibitoires* sont les matières du droit vétérinaire commercial, comme les mots *vices rédhibitoires* sont entrés dans la loi nouvelle qui règle la matière, j'ai cru devoir placer ces mots dans le titre de l'ouvrage (1).

---

(1) On peut consulter, pour les autres branches du droit vétérinaire, l'ouvrage de MM. Toggia et Rodet, intitulé : *Traité analytique de médecine légale vétérinaire*, vol. in-12 ; et *Traité sur la Police sanitaire des animaux domestiques*, par M. O. Delafond, professeur à l'École royale d'Alfort ; in-8°. A Paris, chez Mme Huzard.

DE LA GARANTIE

ET

DES VICES RÉDHIBITOIRES

DANS

LE COMMERCE DES ANIMAUX,

d'après la loi du 20 mai 1838.

PREMIÈRE PARTIE.

CHAPITRE PREMIER.

GÉNÉRALITÉS SUR LA GARANTIE ET LES VICES RÉDHIBITOIRES.

Dans le commerce de toute denrée, le vendeur, qui presque toujours a possédé la marchandise quelque temps avant de s'en défaire, doit en connaître le bon ou le mauvais état; tandis que l'acheteur, qui ne l'a vue qu'un instant, qui quelquefois même l'a achetée sans la voir, sur des écrits ou d'après des promesses, peut être trompé par un vendeur imprévoyant ou de mauvaise foi.

Pour ôter à l'acheteur ces chances d'être trompé, même lorsqu'il a à traiter avec un vendeur de bonne foi, et par suite pour faciliter le commerce en général, le législateur a presque partout et de tout temps imposé au vendeur certaines obligations: ce vendeur a été obligé, par exemple, de garantir à l'acheteur qu'il ne serait point troublé dans la jouissance de la chose vendue, ensuite que la chose vendue n'avait pas certains défauts.

Il s'ensuit que si l'acheteur est troublé dans la possession de son acquisition, ou s'il reconnaît dans la chose achetée des défauts qui en diminuent notablement la valeur, il a certains droits contre son vendeur. Ce droit de l'acheteur a été appelé *garantie*, et les vices ou défauts que le vendeur est tenu de garantir ont été appelés *vices rédhibitoires*, c'est-à-dire vices qui donnent lieu à la *rédhibition*. Comme l'on sait, ces mots *rédhibition*, *rédhibitoire* viennent du verbe latin *redhibere*, qui signifie rendre le prix d'une chose vendue et la reprendre.

La garantie relative à la possession de la chose vendue n'a et ne peut avoir de terme ;

elle existe tant que la possession doit durer. La garantie pour les vices rédhibitoires a toujours eu un temps limité ; c'est ce qui forme la *durée de la garantie*; ce temps devait être, en effet, limité, pour que l'acheteur ne pût pas détériorer la chose vendue, et ensuite dire qu'elle était détériorée avant la vente.

Dans le commerce des animaux, plus que dans tout autre, l'acheteur a des chances défavorables à courir sous ce rapport : souvent l'animal qui paraît dans le meilleur état est affecté de vices et de maladies que l'œil de la personne la plus exercée ne peut reconnaître, à moins qu'elle n'ait étudié la médecine vétérinaire : il est même des circonstances où le vétérinaire le plus instruit ne peut juger de suite de l'existence de ces vices ou maladies ; enfin quelquefois le vendeur lui-même les ignore et se trompe le premier sur l'état de l'animal : combien donc, à plus forte raison, peut se tromper quelqu'un qui n'est ni vétérinaire ni marchand, et qui achète l'animal, parce qu'il en a besoin ?

Aussi, tandis que les difficultés, dans les autres branches de commerce, sont le plus ordinairement relatives aux *conditions de la vente*, c'est presque toujours au sujet des *vices rédhibitoires* que s'élèvent des contestations dans le commerce des animaux domestiques.

CHAPITRE II.

USAGES ANCIENS QUI AVAIENT FORCE DE LOI RELATIVEMENT AUX VICES RÉDHIBITOIRES DES ANIMAUX DOMESTIQUES ET A LA DURÉE DE LA GARANTIE DE CES VICES.

Chaque province, dont la France se composait autrefois, avait, à l'égard des vices rédhibitoires, une coutume spéciale à elle, bien différente souvent de celle de la province limitrophe : chacune avait ses *vices rédhibitoires particuliers*, déterminés cependant d'une manière à peu près invariable : il en résultait que telle maladie, qui n'était point vice rédhibitoire dans une province, donnait lieu à la rédhibition dans une autre. Dans la Normandie, pour les chevaux, les ânes et les mulets, la *morve*, la *pousse* et la *courbature* étaient rédhibitoires ; pour les vaches, *la pommelière* et *l'hydropisie de poitrine*; pour les moutons, le *claveau*. A Cambrai, la *morve* et la *pousse* étaient seules dans ce cas à l'égard du cheval ; et il paraît qu'il n'y avait pas de vices rédhibitoires pour les autres animaux. A Douai, on y joignait le cheval *rebous* et *felle de la dent*, c'est-à-dire qui mord. Enfin autant il y avait de provinces, autant il y avait de coutumes différentes à cet égard.

La même variation se rencontrait à l'égard de *la durée de la garantie*, qui était dans un lieu bien plus longue, double, même triple de ce qu'elle était dans un autre. Ainsi, dans la Normandie, la garantie, par les anciennes coutumes, était fixée à trente jours pour les chevaux, et à neuf jours seulement pour les vaches et les moutons ; à Cambrai et à Douai, elle était de quarante jours ; dans la Bretagne, elle était de quinze jours pour les chevaux comme pour les porcs, elle était de neuf seulement dans l'Ile-de-France.

L'origine de quelques-unes de ces coutumes ou usages se perd dans des siècles reculés, et la tradition est encore le seul signe de leur existence ; quelques-uns se trouvent relatés dans les coutumiers des provinces ; enfin le plus petit nombre doit sa naissance à des actes des parlements (1).

Je citerai ici un motif encore connu de ceux qui avaient guidé, dans la fixation d'une longue durée de garantie par rapport aux vices rédhibitoires des chevaux : on verra combien ils pouvaient être injustes.

Les marchands qui amenaient des chevaux de selle et de carrosse à Paris étaient tenus, à leur arrivée, avant de vendre aucun animal, et cela sous peine d'amende, de prévenir le grand et le premier écuyer, qui avaient le droit de choisir, avant toute autre personne, les chevaux qui leur paraissaient propres à entrer dans les écuries du

---

(1) On peut voir, à ce sujet, *Instructions et observations sur les Maladies des animaux domestiques*, par MM. Chabert, Flandrin et Huzard; 6 vol. in-8°, Paris; *Des lois sur la garantie des animaux, ou Exposé des cas rédhibitoires*; par P. Chabert et C.-M. Fromage, in-8°, Paris, an XII (1804); *Tableau synoptique des coutumes suivies dans la plupart des ci-devant provinces de France, à l'égard des cas rédhibitoires des animaux*; par J.-B. Gohier.

Roi; celui de les garder et de les essayer pendant trois jours, et ensuite de rendre aux marchands ceux qui ne leur convenaient point ou qu'ils trouvaient attaqués de vices rédhibitoires. (*Ordonnance du roi, du 10 mai 1782, qui renouvelle les lettres patentes du 30 avril 1613 et les règlements des 14 février et 28 mars 1724, à cet égard.*) Le temps de faire la route et ensuite ces formalités demandaient un laps de temps pendant lequel la garantie se serait écoulée, si sa durée n'avait pas été longue; et c'était, en partie, pour conserver aux marchands de Paris, qui allaient chercher des chevaux dans les provinces, leurs recours en garantie contre le vendeur, que cette durée avait été fixée à trente et même à quarante jours dans quelques-unes de ces provinces.

On comprend combien des coutumes d'origine si ancienne, en supposant même que quelques-unes aient été basées sur les principes de justice qui, à cette époque, pouvaient être les meilleurs, ont dû se trouver en contradiction avec des connaissances, des mœurs, des usages nouveaux. C'est ce qui est arrivé; et il était difficile de trouver des coutumes ou usages plus incohérents.

Aussi le peu d'accord des jurisprudences adoptées dans les provinces, à cet égard, apportait des entraves au commerce, en lésant, dans beaucoup de circonstances, ou le cultivateur qui élevait les animaux, ou le marchand qui les achetait pour les revendre, ou enfin la personne qui les achetait pour son usage.

1° Par rapport au cultivateur qui élevait les animaux.

La durée de la garantie était beaucoup trop longue dans quelques provinces. Par exemple, dans la Normandie, ainsi que nous l'avons déjà dit, la durée de la garantie, pour les chevaux, était de trente jours à l'égard de la morve, de la pousse et de la courbature (1) : or, il est de fait qu'un cheval peut devenir poussif, morveux même, dans cet espace de temps, et le vendeur se trouver garant d'un vice qui a pris

___

(1) Voyez, plus loin, les articles qui traitent de ces vices.

naissance après la vente. — Le pissement de sang chez le gros bétail, dans l'Armagnac, aujourd'hui le département du Gers, était garanti quarante jours : or, pendant ce temps, plusieurs causes, particulièrement un mauvais régime de quelques jours, peuvent donner lieu à cet accident.

Dans le Languedoc, outre la morve et la pousse garanties pendant quarante jours chez les chevaux, la pourriture, dans le mouton, était aussi garantie le même espace de temps : on sait à présent qu'un mauvais régime pourrait, sur des animaux prédisposés, développer cette maladie, sur une partie des animaux d'un troupeau, pendant la durée de cette garantie, tandis qu'un régime convenable la préviendrait certainement. Eh bien! la durée de la garantie pour cette même maladie des moutons était de trois mois dans la Provence. Cette même maladie dans le gros bétail, appelée *autée* dans le Bigorre, était garantie quatre mois dans cette province. Pendant cet espace de temps, l'acheteur pouvait, par sa faute, mettre tous les animaux achetés dans le cas de périr et s'en faire rendre ensuite la valeur par le vendeur. Dans la Franche-Comté, l'étranguillon ou esquinancie, qui est une maladie aiguë, d'une date très-récente, était garanti pendant quarante jours : pendant cette durée de la garantie, un mauvais régime, et surtout une étable mal aérée et humide, pouvaient causer la maladie, et par suite la mort, aux risques et périls du vendeur.

Parmi tous les dénis de justice auxquels ces usages pouvaient donner lieu, j'en citerai un qui m'a été signalé.

Un nourrisseur de Normandie s'est plaint à moi de l'accident suivant : il avait vendu à un marchand un bon cheval de cinq ans; il fut fort étonné, après plus de vingt jours de vente, d'être appelé en résiliation du marché pour cause de la *pousse*, dont son cheval était attaqué, disait le marchand : il se rend à la visite du vétérinaire commis pour constater l'état de l'animal, qu'il trouve en assez bon état, avec appétit, et néanmoins avec le mouvement du flanc d'un cheval poussif. Le vétérinaire juge le cheval attaqué de la pousse, et le cultivateur, pour éviter des frais, reprend l'animal et en rend le prix. Etonné cependant de voir poussif assez fortement un cheval qui avait toujours été bon chez lui, il fait prendre des renseignements, et il apprend qu'à la suite d'une course forcée au cabriolet, quelques jours après l'achat, l'animal avait eu *une forte courbature* (probablement une affection inflammatoire de la poitrine); que cette courbature avait cédé, en trois ou quatre jours, à un traitement d'un vétérinaire, mais que le cheval était resté avec le mouvement respiratoire d'un cheval poussif. Malheureusement le nourrisseur avait repris le cheval et terminé l'affaire.

2° Relativement au marchand qui achetait les animaux pour les revendre.

La diversité des vices rédhibitoires dans les provinces n'était pas un moindre inconvénient. Ainsi un marchand de chevaux achetait à Cambrai un cheval affecté de cornage (1), il ne s'apercevait point de l'affection; il venait revendre

---

(1) Voyez, plus loin, l'article qui traite de ce vice.

l'animal à Paris. Le Parisien acheteur, en l'essayant plus fortement, s'apercevait du vice, et il forçait son vendeur à reprendre la bête, parce que le cornage était vice rédhibitoire à Paris; mais, comme le cornage n'était pas un vice rédhibitoire à Cambrai, le marchand se trouvait chargé d'un animal de nulle valeur, qu'il était forcé, s'il ne voulait pas éprouver de perte, d'aller revendre dans le pays où il l'avait acheté, et cela en trompant comme il avait été trompé lui-même.

Un marchand achetait un cheval à Caen ou à Mortagne, il le mettait en route pour Paris et le vendait dans cette ville; l'acheteur s'apercevait que l'animal était atteint de l'*immobilité*(1), vice rédhibitoire à Paris; il forçait le vendeur à reprendre l'animal; mais, comme l'affection n'était pas vice rédhibitoire en Normandie, le marchand se trouvait forcé de faire revendre l'animal dans quelque pays où l'immobilité n'était pas vice rédhibitoire, en trompant comme il avait été trompé lui-même, ou bien en per-

---

(1) Voyez, plus loin, l'article qui traite de ce vice.

dant, non-seulement le bénéfice qu'il espérait, mais encore une partie du prix qu'il avait payé l'animal.

Quelquefois les marchands de chevaux de Paris ont été condamnés à Paris à reprendre des chevaux immobiles qu'ils avaient achetés en Normandie, et condamnés en Normandie à garder ces chevaux, parce que l'immobilité n'était pas vice rédhibitoire en Normandie.

Le défaut d'uniformité dans ces usages était, comme on le voit, une occasion de pertes et de fraudes pour les marchands de chevaux, qui, dans un marché public, n'ont souvent pas le moyen d'examiner à fond les animaux qu'ils acquièrent.

3° Relativement à la personne qui achetait l'animal pour son service.

L'inconvénient de ces anciens usages était de ne pas garantir l'acheteur contre la mauvaise foi du vendeur, autant que les progrès récents de la médecine vétérinaire permettent de le faire.

Ainsi, dans les lieux où la phthisie pulmonaire n'était point rédhibitoire, on pouvait vendre impunément tout animal attaqué de cette maladie mortelle, qui le rend de nulle valeur, sans que l'acheteur pût revenir sur le marché. Ainsi, dans tous les lieux où les boiteries de vieux mal intermittentes, qui rendent souvent les chevaux presque de nulle valeur, n'étaient point rédhibitoires, l'acheteur pouvait être impunément trompé par un vendeur de mauvaise foi. Ainsi, partout où le cornage et l'immobilité, affections qui rendent les animaux sans valeur, n'étaient point rédhibitoires, tant pis pour l'acheteur qui avait acquis un cheval atteint de l'une ou de l'autre de ces défectuosités.

Ainsi des bêtes à laine sortant d'un troupeau claveleux et attaquées, d'une manière encore latente, de cette maladie éminemment contagieuse, pouvaient être vendues dans tout lieu où cette maladie n'était point rédhibitoire.

4° Par rapport à tous.

Enfin, encore un autre inconvénient non moins grave se faisait sentir dans ces coutumes et usages anciens : la médecine vétérinaire n'étant pas encore aussi avancée qu'elle l'est maintenant, des maladies bien différentes étaient désignées par le même nom, et des noms différents assignés à la même maladie, en sorte que souvent il n'y avait pas moyen de s'entendre. En effet, il arrivait que, de deux experts nommés pour constater la maladie d'un animal, l'un donnait à l'affection le nom d'un vice rédhibitoire, tandis que l'autre donnait le nom d'une maladie non regardée comme telle.

Il arrivait encore souvent qu'on donnait un nom de vice rédhibitoire, celui de *courbature* par exemple, à diverses maladies aiguës inflammatoires, que l'on sait maintenant pouvoir se développer en très-peu de temps par des causes tout à fait indépendantes du vendeur.

Il y avait même des noms de vices rédhibitoires qui avaient été employés si momentanément, qu'on ne savait quelle maladie ou quel défaut ils avaient désigné : tels étaient ceux de *fait* à l'égard du gros bétail, de *pian* et de *tat* à l'égard du porc, de *corbe* à l'égard des chevaux.

Ces coutumes ou usages étaient donc non-seulement insuffisants sous tous les rapports, mais, le plus souvent encore, en contradiction avec ce qui est juste, soit par rapport aux vices rédhibitoires, soit par rapport à la durée de la garantie (1).

CHAPITRE III.

DE LA GARANTIE ET DES VICES RÉDHIBITOIRES TELS QUE LES AVAIT FIXÉS LE CODE CIVIL.

La garantie que le vendeur doit à l'acquéreur est tellement de droit, que le Code civil ne dit même pas qu'elle doit exister, il dit qu'elle a deux objets :

Art. 1625. La garantie que le vendeur doit à l'acquéreur a deux objets : le premier est la pos-

---

(1) M. Renault, directeur de l'Ecole royale vétérinaire d'Alfort, a mieux fait voir encore, dans un discours spécial, les inconvénients des anciennes jurisprudences locales relatives à la garantie et aux vices rédhibitoires dans le commerce des animaux. Ce discours, prononcé dans la séance de distribution des prix et des diplômes aux élèves du 28 août 1833, est inséré dans le *Recueil de médecine vétérinaire pratique*, numéro de septembre 1833.

session paisible de la chose vendue; la second, les défauts cachés de cette chose, ou les vices rédhibitoires.

(Livre III, titre VI, chapitre IV, section III, *De la Garantie.*)

Les deux objets qui font le sujet de cet article, la *possession paisible de la chose vendue* et les *vices rédhibitoires*, font ensuite la matière de deux paragraphes.

Dans le premier, il est traité des obligations auxquelles le vendeur est tenu envers l'acheteur dans le cas où celui-ci serait évincé en totalité ou en partie de la possession de la chose vendue : cet objet n'offre rien de spécial à la matière dont nous nous occupons, le second seul traite *de la garantie des défauts de la chose vendue, ou des vices rédhibitoires.*

Et voici comment il s'exprime :

§ II. De la garantie des défauts de la chose vendue.

Art. 1641. *Le vendeur est tenu de la garantie à raison des défauts cachés de la chose vendue, qui la rendent impropre à l'usage auquel on la* destiné, ou qui diminuent tellement cet usage, que l'acheteur ne l'aurait pas acquise, ou n'en aurait donné qu'un moindre prix, s'il les avait connus.

1642. Le vendeur n'est pas tenu des vices apparents et dont l'acheteur a pu se convaincre lui-même.

1643. Il est tenu des vices cachés, quand même il ne les aurait pas connus, à moins que, dans ce cas, il n'ait stipulé qu'il ne sera obligé à aucune garantie.

1644. Dans le cas des articles 1641 et 1643, l'acheteur a le choix de rendre la chose et de se faire restituer le prix, ou de garder la chose et de se faire rendre une partie du prix, telle qu'elle sera arbitrée par experts.

1645. Si le vendeur connaissait les vices de la chose, il est tenu, outre la restitution du prix qu'il en a reçu, de tous les dommages et intérêts envers l'acheteur.

1646. Si le vendeur ignorait les vices de la chose, il ne sera tenu qu'à la restitution du prix et à rembourser à l'acquéreur les frais occasionnés par la vente.

1647. *Si la chose qui avait des vices a péri par suite de sa mauvaise qualité, la perte est pour le vendeur, qui sera tenu envers l'acheteur à la restitution du prix et aux autres dédommagements expliqués dans les deux articles précédents; mais la perte arrivée par cas fortuit sera pour le compte de l'acheteur.*

1648. *L'action résultant des vices rédhibitoires doit être intentée par l'acquéreur dans un bref délai, suivant la nature des vices rédhibitoires, et l'usage du lieu où la vente a été faite.*

1649. *Elle n'a pas lieu dans les ventes faites par autorité de justice.*

Il n'était guère possible de mieux spécifier quels étaient les vices qui dorénavant seraient rédhibitoires, qu'on ne l'a fait dans les articles 1641, 1642, 1643, 1647 : rien n'était plus clair, rien n'était plus en rapport avec ce qui est juste et ne garantissait mieux les droits de l'acheteur; il ne devait être lésé que par son imprévoyance, ou par les accidents que toute la sagesse humaine ne peut deviner.

Aussi petit à petit les tribunaux adoptaient cette base, *cette loi*, pour fixer les vices rédhibitoires ; et il n'était pas à douter que tous ne l'eussent adoptée définitivement, car ce qui est juste finit toujours par prévaloir.

Malheureusement, l'article 1648, relatif à la durée de la garantie n'était pas aussi clair. Les derniers mots, *et l'usage des lieux où la vente a été faite*, impliquaient une contradiction évidente avec les mots *suivant la nature des vices rédhibitoires*, en replongeant, *relativement à la durée de la garantie*, dans les inconvénients d'une durée trop longue pour quelques vices dénommés par les anciens usages.

Quelques tribunaux faisaient même rapporter l'article 1648 aux vices rédhibitoires, au lieu de l'appliquer à la seule durée de la garantie ; et l'application de la loi restait difficile.

Le Code civil n'avait donc pas rempli le but tout à fait, il laissait une lacune et c'était elle qu'il fallait combler en établissant d'une manière plus positive le principe d'après lequel la durée de la garantie devait être fixée. Comme principe, il suffisait de rayer ces derniers mots de l'article 1648, *et l'usage des lieux où la vente a été faite*. Alors, si les vices rédhibitoires se trouvaient bien spécifiés d'une manière générale, par les articles 1641, 1642, 1643 et 1647, la durée de la garantie se serait trouvée bien indiquée aussi d'une manière générale par l'article 1648.

L'application par les tribunaux de ces principes aurait-elle été difficile? Nous avons dit que déjà l'application relative à la nature des vices se faisait par beaucoup de tribunaux; il n'y a pas de doute qu'au bout d'un certain temps les tribunaux ne se fussent fait une jurisprudence *relativement à la durée de la garantie en rapport avec la nature du vice.* Mais on a craint que ce temps ne fût trop long, qu'il n'y eût, dans l'intervalle, des procès interminables, des jugements contradictoires, que même les tribunaux n'adoptassent une jurisprudence différente, et on a mieux aimé coupé court à toute indécision en dénommant les vices qui seraient rédhibitoires, et en spécifiant la durée de la garantie pour chacun : on a mieux aimé sacrifier le principe pour quelques cas rares exceptionnels, qu'on a rejetés ainsi dans ceux que la sagesse humaine ne pouvait empêcher, que de risquer de rendre difficile l'application du principe lui-même pour les cas qui sont l'immense majorité des demandes en garantie.

Il faut dire que les tribunaux des provinces, que les conseils généraux, que les sociétés d'agriculture consultés à cet égard par le ministère, ont été presque unanimes dans cette opinion de sacrifier le principe à l'application, et que le législateur s'est trouvé alors dans la nécessité d'accueillir leurs vœux.

C'est sous ces influences qu'a été proposée et adoptée la loi suivante.

CHAPITRE IV.

LOI
CONCERNANT LES VICES RÉDHIBITOIRES DANS LES VENTES ET ÉCHANGES D'ANIMAUX DOMESTIQUES.

Au palais des Tuileries, le 20 mai 1838.

LOUIS-PHILIPPE, etc.

ARTICLE 1er.

Sont réputés vices rédhibitoires et donneront seuls ouverture à l'action résultant de l'article

1641 du Code civil, dans les ventes ou échanges des animaux domestiques ci-dessous dénommés, sans distinction des localités où les ventes et échanges auront lieu, les maladies ou défauts ci-après, savoir :

Pour le cheval, l'âne ou le mulet.

La fluxion périodique des yeux,
L'épilepsie ou le mal caduc,
La morve,
Le farcin,
Les maladies anciennes de poitrine ou vieilles courbatures,
L'immobilité,
La pousse,
Le cornage chronique,
Le tic sans usure des dents,
Les hernies inguinales intermittentes,
La boiterie intermittente pour cause de vieux-mal.

Pour l'espèce bovine.

La phthisie pulmonaire ou pommelière,
L'épilepsie ou mal caduc,

Les suites de la non-délivrance.
Le renversement du vagin ou de l'utérus.................. } après le part chez le vendeur.

Pour l'espèce ovine.

La clavelée : — cette maladie, reconnue chez un seul animal, entraînera la rédhibition de tout le troupeau. — La rédhibition n'aura lieu que si le troupeau porte la marque du vendeur.

Le sang de rate : — cette maladie n'entraînera la rédhibition du troupeau qu'autant que, dans le délai de la garantie, la perte constatée s'élèvera au quinzième au moins des animaux achetés. — Dans ce dernier cas, la rédhibition n'aura lieu également que si le troupeau porte la marque du vendeur.

Art. 2.

L'action en réduction du prix, autorisée par l'article 1644 du Code civil, ne pourra être exercée dans les ventes et échanges d'animaux énoncés dans l'article 1er ci-dessus.

Art. 3.

Le délai pour intenter l'action rédhibitoire sera, non compris le jour fixé pour la livraison

De trente jours pour le cas de fluxion périodique des yeux et d'épilepsie ou mal caduc,

De neuf jours pour tous les autres cas.

Art. 4.

Si la livraison de l'animal a été effectuée ou s'il a été conduit, dans les délais ci-dessus, hors du lieu du domicile du vendeur, les délais seront augmentés d'un jour par cinq myriamètres de distance du domicile du vendeur au lieu où l'animal se trouve.

Art. 5.

Dans tous les cas, l'acheteur, à peine d'être non recevable, sera tenu de provoquer, dans les délais de l'article 3, la nomination d'experts chargés de dresser procès-verbal; la requête sera présentée au juge de paix du lieu où se trouvera l'animal.

Ce juge nommera immédiatement, suivant l'exigence des cas, un ou trois experts, qui devront opérer dans le plus bref délai.

Art. 6.

La demande sera dispensée du préliminaire de conciliation, et l'affaire instruite et jugée comme matière sommaire.

Art. 7.

Si, pendant la durée des délais fixés par l'article 3, l'animal vient à périr, le vendeur ne sera pas tenu de la garantie, à moins que l'acheteur ne prouve que la perte de l'animal provient de l'une des maladies spécifiées dans l'article 1er.

Art. 8.

Le vendeur sera dispensé de la garantie résultant de la morve et du farcin pour le cheval, l'âne ou le mulet, et de la clavelée pour l'espèce ovine, s'il prouve que l'animal, depuis la livraison, a été mis en contact avec des animaux atteints de ces maladies.

La présente loi, discutée, délibérée et adoptée par la Chambre des Pairs et par celle des Députés, et sanctionnée par nous cejourd'hui, sera exécutée comme loi de l'État.

Fait au palais des Tuileries, le 20e jour du mois de Mai, l'an 1838.

Signé **LOUIS-PHILIPPE**.

Par le Roi :

Signé Barthe.   Signé N. Martin (du Nord).

Telle est la loi nouvelle, elle est positive et claire.

Maintenant il n'y a plus que quelques vices rédhibitoires bien dénommés et pour trois espèces d'animaux seulement, pour les espèces chevaline, bovine et ovine (art. 1er).

Les autres maladies, accidents ou vices ne sont plus rédhibitoires; les cas de morts même ne le sont plus s'ils n'arrivent à la suite d'un des vices rédhibitoires dénommés (art. 7e).

L'article 2e prescrit aussi que l'action en réduction de prix, autorisée par l'article 1644 du Code civil, ne pourra pas être exercée pour vente et échanges d'animaux. — Sans ce second article l'acheteur aurait pu éluder la loi nouvelle, en demandant seulement une réduction de prix : il n'y a plus moyen de l'éluder.

L'article 3 fixe d'une manière rigoureuse le délai pour intenter l'action en garantie pour chacun des vices que la loi pose comme rédhibitoires.

L'article 4e ne serait pas aussi clair que les précédents si l'article 3e ne l'expliquait pas; l exige donc un commentaire.

En prolongeant le délai pour intenter l'action rédhibitoire dans le cas où l'animal a été livré ou conduit hors du lieu du domicile du vendeur, la loi pour ces cas semble prolonger la durée de la garantie; il n'en est rien cependant : *elle ne fait que prolonger le délai pour intenter l'action* au vendeur ; et la preuve, c'est que, par l'article 5, l'acheteur est toujours obligé de provoquer dans le délai de neuf jours, pour les vices qui ont neuf jours de garantie, et, dans le délai de 30 jours, pour la fluxion périodique des yeux et l'épilepsie, qui seules ont une durée de garantie de 30 jours, la nomination de l'expert ou des experts chargés de visiter l'animal.

D'après les articles 4 et 5 combinés, je le répète, l'acheteur est donc tenu de provoquer la nomination d'experts chargés de visiter l'animal dans les délais de 9 et de 30 jours; seulement il a, pour intenter l'action devant le tribunal compétent, un délai d'un jour de plus par cinq myriamètres de distance du domicile du vendeur au lieu où l'animal se trouve.

Il ne faut donc pas confondre le délai pour présenter la requête au juge de paix et le délai pour intenter l'action devant le tribunal compétent ; l'un est invariable, l'autre varie quand l'animal a été livré et conduit loin du domicile du vendeur. (Voyez, plus loin, manière de procéder devant les tribunaux.)

Il résulte encore de l'article 5 que la demande de nomination d'experts doit être présentée au juge de paix du lieu où l'animal se trouve. Si l'acheteur s'adressait à un autre tribunal, il risquerait de voir sa cause perdue en cassation.

Il résulte aussi de l'article 6 que la nomination d'experts est une mesure préliminaire qui ne soustrait pas l'affaire aux autres tribunaux, mais qui paraît avoir été adoptée par le législateur pour que l'état de l'animal soupçonné atteint de vice rédhibitoire pût être constaté dans le délai de la garantie, aux moindres frais possibles.

Enfin il était juste qu'un acheteur qui avait chez lui des animaux attaqués de maladies contagieuses, et qui placerait au milieu de ses animaux un animal acheté par lui, ne pût revendiquer l'avantage de la garantie ; il aurait pu, s'il en avait été autrement, rendre malade par sa faute l'animal acheté, et ensuite forcer le vendeur à le reprendre. L'article 8 a ôté tout sujet de contestation à cet égard. Seulement, quand le vendeur voudra faire usage de cet article, ce sera à lui à faire les preuves que l'acheteur avait mis l'animal acheté en contact avec des animaux affectés de la maladie contagieuse.

Telle est la loi nouvelle. Pour l'homme qui connaît toutes les ruses que les marchands de bestiaux peu scrupuleux emploient, pour l'homme qui sait qu'au moyen de cette loi il n'y aura pas un mauvais cheval qui ne puisse devenir le sujet d'une fraude préméditée par les maquignons, elle paraîtra insuffisante; mais elle paraîtra très-bonne aux personnes qui, appelées à juger ces sortes de contestations, et qui, n'étant point à même de savoir combien l'application de l'article 1641 empêchait de fraudes là où les tribunaux jugeaient d'après cet article, ne voyaient que la difficulté d'appliquer à un vice rédhibitoire nouveau, c'est-à-dire que les anciens usages n'avaient pas désigné, une durée de garantie en rapport avec la nature du vice.

L'acheteur qui voudra étendre le droit de garantie pourra bien, il est vrai, en n'achetant qu'à certaines conditions, étendre de beaucoup ce droit de garantie ; mais, comme il se placera dans un cas exceptionnel, ce sera à lui à prendre ses précautions pour que le vendeur ne puisse contester les conditions de la vente ; ces cas exceptionnels seront alors rares, parce que la plupart des acheteurs, qui ne s'adresseront point aux vétérinaires, ne sauront s'y placer, et parce que les marchands éviteront, de leur côté, avec le plus grand soin, de s'y mettre.

Nous allons en dire un mot.

CHAPITRE V.

DE LA GARANTIE CONVENTIONNELLE.

Si la loi du 20 mai 1830, sur les vices rédhibitoires, a restreint le nombre de ces vices, elle n'a pas ôté à l'acheteur le droit de demander au vendeur de lui garantir que tel autre vice, non dénommé par la loi, n'existe pas.

Ainsi un acheteur peut demander au vendeur de lui garantir que le cheval n'est pas méchant; il peut lui demander que, si l'animal vient à périr dans un délai quelconque, neuf jours, par exemple, par suite de lésions antérieures à la vente, lui, vendeur, sera tenu de rendre le prix; il peut lui demander de garantir que le cheval a une bonne vue, que l'animal n'a que tel âge.

Une personne peut demander à un marchand de vaches laitières de lui garantir que la vache donnera au moins huit litres de lait, ou bien qu'elle n'a que tel âge.

L'exercice de ce droit de transactions entre les parties ne pouvait être arrêté par la loi, toutes les fois qu'il ne blessait point la morale publique, autrement il aurait été en contradiction avec une des bases de notre droit commun : il donne lieu à ce qu'on appelle la *garantie conventionnelle*, toutes les fois que le vendeur veut bien se soumettre aux exigences de l'acheteur.

Mais celui-ci, pour sa sûreté, doit exiger que *la garantie conventionnelle soit écrite*, parce qu'en général la preuve par témoins n'est plus admise quand le prix de l'objet vendu excède la somme de cent cinquante francs (1).

Cette garantie pour un vice ou un défaut en particulier n'exclut pas les autres vices rédhibitoires, elle vient augmenter, au contraire, la somme de ces vices.

La garantie conventionnelle a aussi lieu pour la *durée de la garantie légale*, qu'elle peut prolonger. Ainsi un acheteur, craignant qu'un vice rédhibitoire ne se déclare après l'expira-

---

(1) Ceci résulte de l'article 1341 du Code civil, ainsi conçu : « Il doit être passé acte devant notaires,
» ou sous signature privée, de toutes choses excédant
» la somme ou la valeur de cent cinquante francs,
» même pour dépôts volontaires, et il n'est reçu au-
» cune preuve par témoins contre et outre le contenu
» aux actes, ni sur ce qui serait allégué avoir été dit
» avant, lors ou depuis les actes, encore qu'il s'agisse
» d'une somme ou valeur moindre de cent cinquante
» francs.
» Le tout sans préjudice de ce qui est prescrit dans
» les lois relatives au commerce. »

tion du temps de garantie fixé par la loi, demande au vendeur de prolonger cette durée : si celui-ci y consent, il est garant du vice, si le vice se manifeste pendant l'époque convenue : dans ce cas, le vendeur doit même spécifier que la prolongation de la garantie est pour tel vice seulement, sinon elle s'entendrait pour tous les vices rédhibitoires, et lui, vendeur, pourrait devenir responsable de ceux qui se manifesteraient pendant le délai fixé, sans même qu'ils eussent préexisté à la vente.

La garantie conventionnelle est une conséquence du principe que tout individu est maître de disposer de sa propriété selon sa volonté, pourvu qu'il ne porte préjudice à personne : elle n'avait pas besoin d'être sanctionnée spécialement par une loi.

L'acheteur a toujours en sa puissance un moyen d'exiger une garantie conventionnelle écrite, c'est, en payant le prix ou partie du prix de l'animal acheté, d'exiger un reçu du vendeur et de faire mettre sur ce reçu que l'animal est garanti de tel ou tel vice en particulier, ou plus simplement encore qu'il est garanti de tous les vices prévus par l'article 1641 du Code civil, pendant neuf jours. Voici comme l'acheteur peut exiger que le reçu soit fait :

Je reconnais avoir reçu de M****, cultivateur à ****, la somme de **** pour un cheval que je lui ai vendu le *** de ce mois et que je lui ai garanti, pendant neuf jours, de tous les vices rédhibitoires prévus par l'article 1641 du Code civil.
Fait à *****, le ****, etc.

De cette manière, l'acheteur peut jouir encore de tous les avantages que lui accorde l'article 1641 du Code civil. La fixation du délai de la garantie rend facile l'application de la convention. C'est au tribunal à nommer des experts pour décider si le vice ou la maladie rentre dans le cas prévu par la convention ou par l'article 1641 du Code.

Il existe une autre garantie conventionnelle, tacite, dans les marchés dits *de confiance*, c'est-à-dire où l'acheteur n'a pas vu l'objet du marché, et où il s'en est rapporté à la bonne foi du vendeur pour lui procurer un animal capable de remplir un but déterminé.

Dans un marché fait de cette manière, le vendeur devient responsable de tous les défauts ou vices visibles ou non visibles qui empêchent l'animal de remplir le but pour lequel il a été demandé, ou qui diminuent beaucoup le prix qu'on était convenu d'en donner. Le vendeur a abusé de la confiance qu'on lui manifestait, il doit porter la peine de cet abus de confiance.

CHAPITRE VI.

DU REFUS DE LA GARANTIE LÉGALE.

Mais si l'acheteur peut étendre la garantie, que la loi lui accorde, en demandant que certains vices, que la loi ne garantit pas, soient garantis d'une manière conventionnelle, il est juste aussi que le vendeur ne soit pas astreint à la garantie légale, quand il prévient qu'il ne veut pas être astreint à cette garantie : aussi, quand le vendeur prévient qu'il vend sans aucune garantie, la garantie cesse de droit pour l'acheteur.

Dans ce cas, comme la loi est en faveur de l'acheteur, c'est au vendeur à prendre ses mesures pour qu'au besoin il puisse prouver qu'il a vendu sans garantie; c'est à lui alors à exiger de l'acheteur un écrit qui indique que l'achat a été fait sans garantie.

CHAPITRE VII.

LA GARANTIE A TOUJOURS LIEU POUR LES ANIMAUX ATTAQUÉS DE MALADIES CONTAGIEUSES, QUELLES QUE SOIENT LES CONDITIONS DE LA VENTE.

Dans le commerce des animaux domestiques, il est une circonstance qui arrête l'effet du refus de la garantie légale.

C'est dans le cas où les animaux vendus sont attaqués de maladies contagieuses. Une loi spéciale (*Arrêt du conseil d'État du roi, pour prévenir les dangers des maladies des animaux, et particulièrement de la morve, du 16 juillet 1784,* § VII), dont quelques articles, nécessités par les connaissances du temps, ont excité depuis des réclamations, mais, du reste, rédigée d'après les plus louables vues d'utilité publique, défend de vendre des animaux *atteints* ou *seulement suspectés* de maladies contagieuses.

Cette clause ressortit encore des articles 459, 460 et 461 du Code pénal, qui prescrivent des peines correctionnelles non-seulement contre ceux qui auraient laissé communiquer leurs animaux infectés de maladies contagieuses avec d'autres, mais encore qui n'auraient pas prévenu l'autorité ou le maire de la commune qu'ils avaient des animaux *soupçonnés d'être infectés* de ces maladies.

De ces lois, qui ont cherché à prévenir tout commerce d'animaux atteints et même seulement suspectés de maladies contagieuses, il résulte évidemment que si un vendeur, tel qu'il soit, vend des animaux sans garantie, cette *non-garantie* ne peut s'appliquer aux maladies contagieuses; par conséquent, que les animaux qui en sont affectés sont toujours dans le cas de la rédhibition.

Dans une vente faite par autorité de justice, l'officier chargé de l'opération ne peut vendre que par ignorance un animal que la loi défend même d'exposer en vente, et, dans ce cas, cette ignorance est une faute qui doit être réparée le plus tôt possible par la résiliation du marché, si cette résiliation est encore possible. Dans le cas contraire, il s'élève une série de questions qui ne sont plus de notre compétence. Notre but est de montrer qu'avant d'exposer des animaux en vente judiciaire, *le commissaire-priseur doit s'assurer qu'ils ne sont affectés de maladies contagieuses et qu'ils peuvent être vendus.*

CHAPITRE VIII.

DES DÉFAUTS ET DES MALADIES RÉDHIBITOIRES DES ANIMAUX DOMESTIQUES D'APRÈS LA LOI DU 20 MAI 1838, ET DES PRÉCAUTIONS A PRENDRE DANS L'EXAMEN DES ANIMAUX QU'ON EN SOUPÇONNE ATTAQUÉS.

§ Ier. VICES RÉDHIBITOIRES DU CHEVAL, DE L'ANE ET DU MULET.

Fluxion périodique des yeux.

Dans les commencements, une attaque ou un accès de fluxion périodique ressemble souvent à une simple ophthalmie; l'énumération des symptômes qui la caractérisent nous donnera quelques moyens de la reconnaître de celle-ci.

Une attaque ou un accès de fluxion périodique a, dans les commencements de la maladie, trois périodes assez distinctes : dans la *première*, l'œil semble atteint d'une ophthalmie ordinaire, un peu forte : il y a larmoiement, rougeur de la conjonctive, tuméfaction des paupières, sensibilité et chaleur plus marquées des parties environnant l'œil ; celui-ci reste presque constamment demi-fermé. Dans la *deuxième période*, l'inflammation paraît diminuer un peu d'intensité ; les symptômes qui la caractérisent se dissipent ; l'humeur aqueuse, qui était trouble et qui rendait la vision obtuse, reprend sa transparence ; une espèce de nuage blanchâtre se condense dans la partie inférieure, quelquefois passe à travers la pupille, et communique dans la chambre postérieure. Dans la *troisième période*, l'œil redevient malade ; le nuage disparaît, se fond dans l'humeur aqueuse, qui perd de nouveau sa limpidité ; mais, après cette espèce de crise, l'humeur aqueuse redevient claire et l'œil reprend ses facultés primitives.

L'accès n'a pas toujours cette marche régulière, et ses trois périodes se confondent parfois en une seule; ce qui fait ressembler davantage encore la fluxion périodique à une simple ophthalmie.

A mesure que les accès se renouvellent, le cristallin perd un peu de sa transparence; il devient terne, blanchâtre, et enfin met obstacle au passage de la lumière. Dans les commencements, il n'y a qu'un œil affecté; mais quand la maladie a déjà sévi plusieurs fois, les deux yeux le sont souvent en même temps, mais l'un plus que l'autre; ils se perdent aussi presque toujours l'un après l'autre.

On pense bien que la maladie est vice rédhibitoire seulement quand elle n'a pas détérioré assez les organes pour que la lésion ait pu être apercevable au moment de la vente; sans cela, elle ne rentrerait pas dans le cas prévu par l'article 1641 du Code civil. C'est aussi ce qui rend la visite de l'expert assez difficile.

Comme elle n'attaque presque toujours qu'un œil, comme elle ressemble à une ophthalmie, et comme aussi le marchand ne manque jamais de dire que c'est une simple ophthalmie, et de l'attribuer à un coup, à un corps étranger introduit dans l'œil, à un courant d'un air froid, etc., le vétérinaire peut être dans l'incertitude. Il reconnaîtra cependant la fluxion périodique à quelques symptômes qui sont plus particuliers à cette affection : les paupières sont plus tuméfiées, plus grosses que dans une simple ophthalmie ; l'humeur des chambres est plus trouble ; la vision est plus obtuse ; l'animal est, en général, plus triste ; tout l'organisme paraît être malade, tandis que dans une simple ophthalmie, qui n'est le plus souvent qu'une affection locale, l'œil seul est malade, et l'animal n'a rien perdu de sa gaieté et de ses habitudes. Enfin l'on remarque souvent, autour de l'œil affecté, des plaies où le poil a été enlevé à la suite de contusions, ce qui indique que l'organe a déjà été privé de la vue. C'est surtout lors de la *seconde période* de l'accès qu'on peut facilement distinguer l'affection au nuage blanchâtre qu'on voit flotter d'abord dans la chambre antérieure, et qui se précipite ensuite à la partie inférieure. La *troisième période*, ou celle de terminaison, fournira encore de bons moyens de distinction : dans l'ophthalmie l'humeur qui s'échappe de l'œil devient moins liquide, plus blanchâtre, plus adhérente aux paupières ; l'humeur aqueuse n'est point troublée par le nuage dont je viens de parler. Dans la fluxion périodique, au contraire, l'humeur qui s'écoule de l'œil reste de même nature, limpide, séreuse; mais le nuage qui s'était formé pendant la seconde période disparaît, et en même temps l'humeur aqueuse se trouble de nouveau, puis l'œil revient, après cette dernière crise, à son état naturel, en paraissant souvent rester plus petit que l'autre. L'expert devra donc, s'il ne peut, dans un premier examen, juger l'affection, répéter ses visites pendant tout le temps que l'accès durera, afin d'en suivre exactement la marche.

Si, malgré cette précaution, l'accès se terminait en laissant quelques doutes dans l'esprit de l'expert, il pourrait remettre à se prononcer après un laps de temps plus ou moins considérable. Il n'oubliera pas cependant que la demande de mise en fourrière de l'animal est un expédient qui prolonge l'affaire, et qui augmente considérablement les frais, ce qu'il doit éviter autant que possible.

Si l'acquéreur avait eu des preuves postérieurement à son marché, que des accès de fluxion périodique eussent déjà sévi sur les yeux, et qu'il s'offrît de les donner, l'expert saura qu'il n'est pas maître de se guider d'après ces preuves, qu'il ne peut que consigner dans son procès-verbal les dires de l'acheteur, que c'est au tribunal à en juger la valeur et à décider s'il doit les admettre : elles pourront, néanmoins, bien éclairer l'expert.

Le vétérinaire ne saurait trop prendre de précautions dans l'examen d'un cheval accusé d'être lunatique. Au commencement de 1823, un fort beau cheval de selle vendu par le sieur *Crémieux*, marchand de chevaux à Paris, donna sujet à une contestation de ce genre. Un œil devint malade dans une des premières nuits qui suivirent la vente, et l'acheteur, l'ayant fait visiter par son vétérinaire, fut conseillé par lui de se mettre en mesure de faire reprendre le cheval pour cause de fluxion périodique. Je fus nommé pour faire cette visite : l'animal était très-doux, on pouvait toucher et voir l'œil malade ; je ne trouvai aucune marque de lésion récente ; les paupières étaient gonflées, douloureuses, chaudes ; l'œil larmoyant paraissait plus petit ; la conjonctive était très-enflammée ; cependant l'humeur aqueuse avait conservé toute sa transparence, et j'étais dans le doute, lorsqu'en visitant l'œil pour la troisième ou quatrième fois peut-être, et après quelques instants de repos, la troisième paupière, ou membrane clignotante, amena sur la cornée lucide une partie de l'épi d'une petite graminée ; l'autre partie restait engagée sous la troisième paupière. Ce corps étranger ne put être retiré de l'œil que le lendemain ; et, quelques jours après, l'organe était aussi sain qu'auparavant.

Il est des vendeurs qui pourraient croire que si le cheval a déjà perdu un œil, ou que si un des yeux est malade au moment de la vente, l'acheteur n'est plus dans son droit, et que cet acheteur se trouve dans le cas prévu par l'article 1642 du Code civil. Comme la loi nouvelle ne s'explique point à l'égard du principe contenu dans cet article 1642, comme, au contraire, elle dit, d'une manière positive, que tous les vices qu'elle dénomme seront rédhibitoires d'après le principe de l'article 1641, le vendeur peut être condamné à reprendre le cheval dans le cas dont nous venons de parler ; c'est à lui, s'il ne veut pas courir cette chance, à vendre le cheval sans garantie.

Épilepsie.

Cette maladie, dont la nature et le siége dans les animaux ne sont pas encore bien connus, se manifeste par accès, qui sont, en général, d'autant moins fréquents, moins intenses, moins longs, et qui laissent d'autant moins de traces dans les intervalles, que l'affection est plus récente.

Les animaux qui paraissent en bonne santé deviennent presque tout à coup souffrants : s'ils sont en marche, ils s'arrêtent, ils sont comme étourdis; la respiration devient laborieuse, très-irrégulière ; la circulation éprouve les mêmes aberrations : les animaux perdent l'usage des sens; ils éprouvent des convulsions; ils tombent le plus ordinairement; quelquefois, cependant, ils restent debout en s'appuyant contre les corps environnants; quelques-uns poussent des râlements; ils écument; le globe de l'œil est agité dans l'orbite. Après un temps plus ou moins prolongé, le calme se rétablit, les sens reviennent à leur premier état; mais l'animal reste souffrant d'autant plus longtemps que l'accès a été plus long et plus violent. Peu à peu ces accès se rapprochent, augmentent d'intensité, et l'animal meurt.

Une attaque d'épilepsie se manifestant ordinairement tout à coup, et se terminant quelquefois, dans les commencements de la maladie surtout, dans un temps très-court, l'acheteur ne pourra pas parfois, avant la cessation de l'accès, faire constater l'accident d'une manière légale (voyez chap. XII, § Ier). Il doit alors prendre des témoins de ce qui se passe, et, s'il est possible, en faire dresser procès-verbal immédiatement chez le juge de paix, chez le maire, chez le commissaire de police, chez un huissier même : il intente alors une action contre son vendeur avec beaucoup plus de chances de réussite.

Si cette précaution n'avait point été, ou n'avait pu être prise, il arriverait que l'expert nommé pour constater l'état de l'animal n'aurait aucune *base* pour juger la nature de la maladie. La précaution de s'assurer des témoins de l'accident doit donc toujours être prise, de la part de l'acheteur, qui, dans l'action qu'il intente, demande alors que les témoins soient entendus, et que le procès-verbal de l'accident serve de renseignements.

Quant au vétérinaire qui pourra être nommé pour constater l'état de l'animal, s'il arrive à temps pour reconnaître l'affection, il ne sera pas embarrassé; mais, s'il arrive trop tard, il devra rédiger son procès-verbal de manière à indiquer au juge toutes les raisons qui lui font présumer que la maladie est ou n'est pas un accès d'épilepsie. La manière dont sera rédigée l'ordonnance qui le commettra pour constater l'état de l'animal lui servira de guide; et, tout en se bornant à ce qui lui sera prescrit de faire, il ne négligera aucun des moyens qu'il reconnaîtra bon pour éclairer le juge.

Morve.

Que la morve soit une affection locale des cavités nasales, qu'elle soit un des symptômes d'une lésion du système lymphatique, qu'elle soit même une des suites ou un des symptômes de l'affection tuberculeuse, qu'il y ait plusieurs espèces de morves, de contagieuses et de non contagieuses, il n'est malheureusement que trop certain que l'animal qui présente la série des symptômes ainsi dénommés est sans aucune valeur, puisque, jusqu'à présent, on n'a point de moyen sûr de guérison, et puisqu'on doit éloigner cet animal des autres, tant qu'il ne sera pas prouvé qu'il n'y a pas de contagion à craindre.

L'animal affecté peut paraître jouir d'une bonne santé ; il peut même être quelquefois en état d'embonpoint, et le symptôme le plus apparent est un jetage de matières puriformes par un ou par les deux naseaux : or rien n'est plus facile à faire disparaître au moment de la vente ; et bien rarement un cheval a été vendu avec les naseaux salis de pus. Ajoutons que le flux de pus par les naseaux cesse souvent momentanément, pour reparaître ensuite ; qu'on parvient même, par des remèdes, à le suspendre pour un temps ; enfin que ce flux de pus ressemble quelquefois momentanément à celui qui se déclare à la suite de l'invasion d'une maladie récente peu dangereuse, à celui d'un catarrhe nasal ou trachéal aigu, par exemple.

Les autres signes sont l'engorgement des glandes lymphatiques situées dans l'auge, et l'apparition d'ulcères chancreux sur la membrane interne du nez ; mais il faut être vétérinaire pour connaître ces signes : de plus, si l'acheteur manifeste la plus légère crainte, il est de suite rassuré par le marchand, qui garantit verbalement l'animal de la morve.

D'un autre côté, si l'on fait attention que la morve a été regardée jusqu'à présent comme contagieuse, qu'il y a des expériences et des faits qui paraissent prouver cette contagion, que l'opinion contraire n'est pas encore générale, et que la morve a été désignée spécialement dans l'arrêt du conseil d'État du roi du

16 juillet 1784, déjà cité, on sera d'accord qu'aucune maladie n'est, à plus juste titre, rangée parmi les vices rédhibitoires (1).

Quand les lésions sont bien caractérisées, l'expert n'a pas de peine à juger et à prononcer; mais il n'en est pas toujours ainsi. L'animal peut jeter par les naseaux; il peut avoir les glandes et les tissus qui sont dans l'auge engorgés, douloureux, et l'acheteur, qui a eu

---

(1) A l'égard de cette affection, on peut consulter : *Instruction sur les moyens de s'assurer de l'existence de la morve, etc.;* par Chabert et J.-B. Huzard : 4ᵉ édition, an V (1797); — *Mémoires et Observations sur la chirurgie et la médecine vétérinaires;* par J.-B. Gohier : 2 vol. in-8°, 1813, tome Iᵉʳ, page 195; — *De l'affection tuberculeuse vulgairement appelée morve, pulmonie, gourme, etc.;* par M. Dupuis : in-8°, Paris, 1821; — *Instruction sur les soins à donner aux chevaux pour les conserver en santé et remédier aux accidents qui pourraient leur survenir.* — *La morve est-elle contagieuse? non.* Par M. A. Louchard : in-8°, Paris, 1825; — *Dictionnaire de médecine et de chirurgie vétérinaires;* par M. Hurtel d'Arboval : 4 vol. in-8°; — Un *Mémoire sur la morve,* par M. Delafond, professeur à l'École royale vétérinaire d'Alfort.

(Tous ces ouvrages se trouvent chez Mᵐᵉ Huzard.)

peur de ces symptômes, peut s'être mis en mesure de faire reprendre l'animal, sans qu'il y ait certitude ni même probabilité, pour l'homme instruit, que l'animal soit morveux. Il peut arriver aussi, comme je viens de le dire, que les symptômes de la morve soient remplacés momentanément par ceux d'une maladie aiguë, ou que la morve ait momentanément pris les caractères d'une maladie de cette nature. L'expert, qui sait tout cela, ne se dépêchera pas de conclure, il demandera que l'animal soit traité convenablement pendant une quinzaine de jours. Dans cet espace de temps, la maladie, si c'est un simple catarrhe, se passera; si elle ne faisait que masquer une autre affection, si elle était un épiphénomène, elle prendra un autre caractère, et le vétérinaire pourra prononcer. Il est rare que l'animal, après ce délai, ne soit pas ou guéri, ou décidément morveux. Dans le cas, cependant, où la maladie ne serait pas encore bien caractérisée, il y a certitude que c'est la morve, dont les signes extérieurs sont souvent insidieux.

C'est ici le lieu de prémunir les vétérinaires

contre une erreur que quelques-uns d'eux commettent quelquefois. Dans les affaires de commerce, ils n'ont ordinairement qu'à juger si l'animal est affecté de la morve ou s'il ne l'est pas, il est rare que le tribunal leur demande autre chose : s'il y a lieu, par exemple, à séquestrer l'animal ou à l'abattre, ce qui ne regarde que la police locale. Les vétérinaires peuvent cependant, pour appuyer leur opinion qu'il y a lieu à rédhibition, indiquer dans leur procès-verbal que l'animal est susceptible d'être séquestré ou abattu; voilà tout : ils n'ont par eux-mêmes aucune autorité pour faire exécuter cette mesure de police, ils n'ont que des conseils à donner à la personne qui a malheureusement un pareil animal. Dans le cas, cependant, où ils croiraient que leurs conseils seraient inutiles, et que le manque de précautions pourrait nuire à d'autres intérêts particuliers, mais surtout publics, ils peuvent instruire la police locale, qui seule a le droit de prescrire des mesures de sûreté : ce cas rentre alors dans les attributions de la police médicale vétérinaire, dont nous ne nous occupons point ici.

Farcin.

La maladie ou les divers symptômes de la même maladie, ou même les affections variées, appelées *farcin*, se trouvent dans la même catégorie que la morve (1); leur nature n'est pas encore bien connue. On a cru, et quelques vétérinaires croient encore, à sa contagion. Enfin, les guérisons sont si rares, que l'animal affecté tombe à une valeur presque nulle : il ne peut donc pas remplir le but d'un acheteur.

L'animal paraît, dans beaucoup de cas, et quelquefois fort longtemps, en assez bonne santé; il peut même être en embonpoint : les signes caractéristiques de l'affection sont ou des pustules abcédées ou des boutons, tantôt rares, tantôt abondants, tantôt dispersés, tantôt réunis par masses ou placés en cordons, en chape-

---

(1) Les uns pensent qu'il y a diverses affections appelées *farcin* ; les autres, que les différences observées ne sont que des variétés ou des symptômes divers de la même affection ; enfin, quelques-uns, que c'est la même que la *morve*.

lets à la suite l'un de l'autre, et qu'on ne peut distinguer d'autres éruptions ou d'autres plaies, à moins d'avoir étudié la médecine des animaux; de plus, on sait que le farcin peut exister sans les boutons extérieurs, qui en sont le signe univoque, et que ces boutons peuvent ne se montrer qu'après quelques jours; on sait encore que l'affection existe déjà depuis quelque temps quand les boutons apparaissent : il n'y a donc pas de doute qu'elle ne puisse être cachée au moment de la vente. En supposant même que les boutons soient apparents, jamais acheteur n'acquerra, dans ce cas, un animal sans la garantie, verbale au moins, que ces boutons ne sont point dangereux; et cette garantie, qui est toujours donnée par le vendeur, mettra l'acheteur, d'une manière conventionnelle, dans le cas de demander la résiliation du marché.

Des éruptions cutanées peuvent simuler le farcin. Dans ce cas, quelques jours mettront l'expert vétérinaire à même de prononcer un jugement certain.

Maladies anciennes de poitrine ou vieilles courbatures.

Il est, dans l'espèce du cheval, des affections de poitrine anciennes, qui ne peuvent plus être guéries et qui, à cause de l'importance de l'organe, empêchent les animaux d'être propres à aucun service. Ces maladies laissant quelquefois momentanément les animaux, les jeunes chevaux surtout, avec l'apparence de la santé, il était juste de les placer dans le cas de la rédhibition. Le mot *vieille courbature*, qui désignait presque partout ces maladies, a été conservé probablement exprès par le législateur, pour les mieux désigner. Mais, s'il a été facile de poser la règle, il n'est pas, à beaucoup près, aussi facile, à la personne nommée pour constater le vice, de dire s'il existe ou s'il n'existe pas sur l'animal vivant, ou autrement de mettre la règle à exécution.

En effet, ces maladies anciennes de poitrine, quand elles se manifestent par des redoublements maladifs, ont tellement les caractères des maladies aiguës récentes, qu'il est quelquefois impossible de les reconnaître sous les caractères d'acuité qui se manifestent : l'odeur nauséabonde de l'air expiré est quelquefois le seul symptôme d'ancienneté saisissable, et il n'existe pas toujours.

L'expert est donc fort embarrassé : heureusement, comme il n'est pas forcé de décider à sa première visite, il peut remettre sa décision après quelque jours d'examen, et c'est ce qu'il doit faire. A défaut d'autres symptômes, les différents bruits que la poitrine fait entendre, bruits, mieux connus qu'autrefois par suite des observations recueillies par M. Delafond, permettront peut-être à l'expert de s'éclairer suffisamment et de se prononcer sur l'ancienneté de la maladie. Si l'animal guérit sans qu'on ait pu reconnaître ces symptômes d'ancienneté, c'est qu'il est probable que l'affection était récente, et alors le procès est terminé. Si, au contraire, l'animal va de pis en pis et meurt, alors il se trouve dans le cas de l'article 7 de la loi, sur lequel nous reviendrons plus loin.

Immobilité.

Quoique la médecine vétérinaire ait fait beaucoup de progrès, cependant on trouve encore, dans l'état actuel de la science, quelques assemblages de symptômes qui ont des dénominations spéciales, sans que la maladie ou les maladies qui les produisent soient bien connues ; quelques-uns de ces assemblages de symptômes figurent encore forcément sous leurs anciens noms dans la médecine vétérinaire, tel est celui qu'on appelle *immobilité*.

Le cheval est atteint de ce vice quand il est stupide (qu'on me passe cette expression), c'est-à-dire lourd, inattentif à la voix du conducteur, comme absorbé par une sensation interne ; état dont il ne sort que difficilement par une espèce de mouvement convulsif et à la suite de coups qu'il paraît souvent ne pas sentir d'abord ; état dans lequel il retombe aussitôt que la cause qui l'en a fait sortir cesse. L'animal a un *facies* particulier ; il reste à peu près immobile à la place où il se trouve ; il prend du foin, le mâche, reste quelques instants sans le mâcher et recommence ensuite cette action; sa tête est ou basse, ou élevée, presque sans mouvement; ses yeux sont fixes, la vision peu certaine; les oreilles sont souvent immobiles; enfin il est quelques autres signes moins constants, qui dénotent plus particulièrement ce vice aux yeux peu exercés : ainsi l'animal, quand il est échauffé, ne recule que difficilement; souvent même, quand la maladie a fait de grands progrès, il ne peut plus exécuter cette action : si l'on veut l'y forcer, ou il reste tout à fait immobile, ou il se défend, non pas par méchanceté, mais d'une manière qui indique que c'est par douleur; il tourne sa tête à droite, à gauche, sans remuer le corps; il se débat, si l'on élève trop haut la tête. Quand on pousse plus loin les tentatives, il se met sur ses jarrets, et les jambes de devant, au lieu de se ployer pour se porter en arrière, restent roides; les pieds traînent sur le sol (ils labourent la terre, ainsi que disent les marchands), où décrivent un cercle latéral pour se porter en arrière; enfin les extrémités antérieures restent croisées quand on les a placées l'une devant l'autre : dans le commencement de l'exercice, quelques chevaux paraissent avoir plus d'ardeur et se porter en avant avec plus de vigueur ; quelques animaux même ont momentanément des convulsions. Si tous ces symptômes n'existent pas d'abord, ils ne tardent pas à se montrer quand on accélère et prolonge l'exercice ; ils ont, en général, plus d'intensité quand la maladie qui y donne lieu est plus ancienne.

D'après ces symptômes, on conçoit qu'il peut être difficile, dans les commencements, de les reconnaître, à moins d'un examen spécial, puisque ce n'est souvent qu'après un exercice un peu fort et soutenu quelque temps qu'ils apparaissent.

L'immobilité rend évidemment le cheval impropre au service pour lequel on le destinait, ou au moins diminue de beaucoup ce service. Qui voudrait, en effet, d'un cheval qui, échauffé, ne peut pas reculer, qui, dans un embarras, pourrait exposer son cavalier ou la voiture, et qui ne pourrait point se tirer d'un mauvais pas? Enfin l'immobilité est, au moins, le signe d'une maladie extrêmement grave, qui abrège beaucoup la vie de l'animal, et qui rend, par conséquent, celui qui en est atteint de peu de valeur. Toutes ces considérations ont fait mettre dans la nouvelle loi l'*immobilité* au nombre des vices rédhibitoires.

Le défaut de ne pas reculer ne suffit pas pour prononcer que la bête est immobile, parce qu'il y a d'autres causes qui produisent cet effet : par exemple, des harnais mal disposés ou une mauvaise bride ont donné lieu quelquefois à ce refus de la part des animaux. Ainsi j'ai vu une jument qui ne voulait pas reculer avec un filet très-mince qui lui coupait les barres ; elle a reculé aussitôt que je ne me suis plus servi du filet, et que j'ai appliqué seulement la main sur le chanfrein. Des animaux qui ont les barres abîmées, ulcérées par une embouchure mal combinée, refusent encore de reculer sans être immobiles ; et mon père a vu un cheval qu'on voulait faire reprendre comme immobile, et que ses barres, ulcérées et cariées, mettaient dans un état de souffrance tel qu'il se défendait et refusait obstinément d'obéir à l'action du mors.

Quelques jeunes bêtes peu exercées à la voiture ou au chariot refusent de reculer quand elles sont attelées, quoiqu'elles reculent bien quand elles sont libres. Quelques animaux usés dans leurs jarrets refusent aussi de reculer, par la douleur que cette action leur fait éprouver dans la partie malade.

L'expert ne prononcera que l'animal est immobile qu'après avoir vérifié si ce ne sont pas quelques-unes des causes indiquées ci-dessus ou quelques autres qui donnent lieu au vice qu'on reproche.

Enfin des animaux jeunes, même des animaux d'âge, momentanément malades, présentent quelquefois des signes d'immobilité. Si l'expert était incertain du jugement à porter, il demanderait que le cheval fût mis en fourrière et traité convenablement pendant quelque temps, pendant une dizaine de jours, par exemple; il aura ainsi le moyen de prononcer avec connaissance de cause sur l'existence ou la non-existence des symptômes qui caractérisent ce vice.

Pousse.

Le mouvement du flanc, qu'on a appelé jusqu'à présent du nom de *pousse*, est de tous les symptômes de maladie, qu'on le considère soit comme appartenant à une seule, soit comme appartenant à plusieurs (1), celui qui donne le plus souvent lieu à des contestations.

C'est une lésion de la respiration, qui se reconnaît aux signes suivants : *l'animal paraît jouir de la santé*; cependant, tandis que, dans l'inspiration, il y a élévation assez régulière des côtes, dans l'expiration, au contraire, le mouvement d'abaissement est à peine commencé qu'il s'arrête, s'interrompt subitement pour recommencer et s'achever ensuite tranquillement. Tel est le signe caractéristique de la pousse, le *coup de fouet*, le *contre-temps*, le *soubresaut*,

---

(1) On peut consulter particulièrement à ce sujet : *Recherches sur la nature de l'affection maladive à laquelle on a donné le nom de* pousse ; par M. Rodet. (*Mémoires de la Société royale et centrale d'agriculture*, année 1825.)

qui constitue jusqu'à présent ce signe de maladie. C'est surtout aux dernières côtes, le long des hypocondres, qu'on l'aperçoit le mieux. D'autres signes accompagnent souvent celui-là : ainsi l'inspiration même commence souvent par un écartement subit des côtes. L'animal est affecté d'une toux particulière, sèche, quinteuse, sans rappel (1); il y a une dilatation habituelle des naseaux et un écartement singulier de l'aile interne; enfin, dans la dernière période, une grande maigreur laisse voir le jeu des côtes dans presque toute leur longueur.

Si les chevaux poussifs sont, au moment de la vente, capables de rendre les services pour lesquels on les a achetés, l'affection, dont la

---

(1) En vétérinaire, on dit qu'un cheval *rappelle*, quand, après avoir toussé, il s'ébroue, et semble se débarrasser ainsi de quelque gêne à laquelle il n'est pas habitué. C'est, en effet, un signe qu'il n'est malade que depuis quelque temps. Quand, au contraire, il ne *rappelle* pas après avoir toussé, c'est un signe qu'il est depuis longtemps malade et, pour ainsi dire, habitué à cette toux.

pousse est un des résultats, diminue notablement la durée du temps que l'animal doit servir. Ainsi une personne achète un cheval de sept ans; elle espère qu'elle pourra s'en servir encore sept ans (abstraction faite de tout accident); elle ne le paye le prix demandé que dans cette espérance : le cheval se trouve poussif, elle ne peut plus espérer s'en servir aussi longtemps; la maladie qui donne lieu au mouvement du flanc peut même augmenter, de manière qu'au bout de quelques mois l'animal ne puisse plus remplir le but que l'acquéreur s'était proposé : celui-ci a donc été trompé ; il n'aurait donné qu'un prix moindre du cheval, il ne l'aurait même pas acheté s'il avait connu son défaut.

Le marchand qui achète un cheval pour le revendre, et qui achète, sans le savoir, un cheval poussif, est bien plus trompé que le particulier qui l'achète pour s'en servir. Il comptait gagner sur l'achat, et si, pour ne pas tromper, il vend le cheval comme étant poussif, il ne le vendra jamais le prix qu'il lui a coûté; il perd donc sur son marché, au lieu de gagner :

certes, l'animal n'a pas rempli le but qui lui en avait fait faire l'acquisition.

Plusieurs affections aiguës, postérieures à la vente, peuvent passagèrement donner à la respiration le mouvement qui constitue la pousse; la première chose que l'expert doit donc faire est de s'assurer si l'animal est bien portant. Cela reconnu, ainsi que l'irrégularité du flanc, il peut prononcer; il sera sûr que l'animal a une maladie qui a déjà quelque ancienneté; mais, si le cheval paraît malade, il faut demander qu'il soit reposé et traité convenablement : quelques jours de soins mettront à même de mieux juger. L'expert devra surtout avoir recours à ce moyen lorsqu'il se méfiera ou de la bonne foi du vendeur, ou même de celle de l'acheteur, qui, pour faire reprendre un cheval qui ne lui conviendrait point, l'aurait et fatigué, et gorgé d'aliments échauffants, afin que, lors de l'examen, le mouvement du flanc ne fût pas dans son état ordinaire.

Une difficulté fâcheuse se rencontre quelquefois : un particulier présente une requête pour faire visiter un cheval qu'il soupçonne poussif, l'expert nommé trouve le flanc irrégulier et l'animal un peu triste, sans appétit ; il demande qu'il soit mis en fourrière pour prononcer plus tard sur son état. L'animal, avec quelques soins, recouvre la régularité du mouvement respiratoire ; l'expert prononce que l'animal n'est point poussif ; le propriétaire retire l'animal de la fourrière, et le procès est terminé. Après huit ou dix jours de service, l'irrégularité du flanc recommence, devient plus apparente, augmente, et l'animal meurt. A l'ouverture, on trouve une vieille pulmonie ou pleurésie, ou même l'emphysème pulmonaire : l'expert est accusé par l'acheteur ; il reçoit tout le blâme ; sa probité est quelquefois soupçonnée; mais, fort de sa conscience, il doit se rassurer; il doit savoir qu'il y a des circonstances au-dessus de la science. On voit par là quel soin il faut apporter dans de pareilles expertises. Heureusement qu'une telle circonstance se rencontre rarement.

Cornage chronique.

C'est un bruit plus ou moins fort, contre

nature, maladif par conséquent, que l'animal fait entendre en respirant.

Si ce bruit était continu, si l'animal le faisait toujours entendre, ce vice serait apercevable au moment de la vente, et il ne pourrait être, dans ce cas, vice rédhibitoire; mais, le plus ordinairement, le bruit n'a lieu que momentanément, après un exercice plus ou moins prolongé, en sorte que l'acheteur qui n'essaye pas suffisamment l'animal peut ne pas soupçonner l'accident. Il provient d'une gêne de la respiration, dont la cause varie souvent : cette gêne diminue les services de l'animal d'autant plus qu'elle est plus grande, et elle est quelquefois portée au point de faire tomber de suffocation les chevaux au milieu de leurs travaux; dans tous les cas, elle diminue la célérité et la durée des services que nous en exigeons, et les déprécie en conséquence : on en a vu devenir incapables des moindres travaux.

Plusieurs affections aiguës inflammatoires, telles que les catarrhes de la trachée et des bronches, peuvent donner lieu à un cornage momentané.

Si donc l'animal est malade au moment où on le présente à la visite, l'expert doit demander sa mise en fourrière et du temps pour prononcer. Si le cornage se passe avec l'affection, la discussion est terminée; si le cornage subsiste, le vendeur est garant de la maladie.

L'expert a encore une précaution à avoir, c'est, dans l'essai du cheval pour constater l'existence du vice, de prendre garde que la bête ne soit gênée par aucune des parties du harnais ou de la bride : par exemple, par la sous-gorge, la muserolle, le collier, la bricole, les sangles, etc. J'appelle d'autant plus l'attention de l'expert sur cette précaution, que certains maquignons se sont servis de ces moyens pour faire corner artificiellement et faire reprendre des chevaux qui ne leur convenaient point. Pendant quelque temps, des courtiers de Caen, qui s'entendaient avec les marchands, essayaient les chevaux que les cultivateurs amenaient sur le marché, avec des brides à sous-gorge très-serrée, à mors durs, ayant des branches très-longues, et avec lesquelles ils faisaient corner, sans être corneurs pour cela, les chevaux qu'ils essayaient : ils trompaient ainsi les vendeurs, qui diminuaient d'autant plus leurs prétentions qu'ils étaient moins sûrs de leurs chevaux, que depuis longtemps ils gardaient sans les faire travailler pour les engraisser et les rendre plus vifs. Les jeunes chevaux faisaient d'autant plus facilement, dans ce cas, entendre une espèce de faux cornage momentané qu'ils étaient plus gras, plus empâtés, plus préparés à être vendus.

J'ai vu des animaux qui ne faisaient entendre qu'un bruit extrêmement léger par les naseaux, mais dans lesquels la respiration devenait tellement gênée par l'exercice, qu'ils ne pouvaient plus le continuer et étaient obligés de s'arrêter; les marchands, accoutumés à regarder comme corneurs les seuls animaux qui font entendre du bruit, soutiennent que ceux-ci ne le sont pas et qu'ils ne peuvent être dans le cas de la rédhibition. Cependant, en se rappelant que le cornage n'est point une maladie, mais que c'est une gêne de la respiration, suite de plusieurs maladies différentes; en se rappelant que c'est la moins-value de l'animal, surtout par suite du vice caché dont il est affecté, qui le met dans le cas de la rédhibition, on n'hésitera pas à condamner comme corneur tout animal qui, paraissant en bon état de santé, ne pourra pas exécuter les travaux pour lesquels il paraîtra propre par suite d'un embarras dans la respiration; que cet embarras soit avec bruit ou non.

Le 21 mars 1824, le sieur ***, marchand de chevaux à Paris, vendit au sieur *Beaujoin*, marchand de chevaux à Orléans, une belle jument de carrosse. La jument ne fut essayée qu'un instant pour voir si elle ne se refusait pas à aller au cabriolet : la jument ne s'y refusant pas, elle fut mise en route pour Orléans. Dans cette ville, le sieur *Beaujoin* s'aperçut qu'après quelques instants d'exercice elle soufflait fortement, que la respiration lui manquait, et qu'elle tombait dans les brancards. Le 29 du même mois, dans le temps de la garantie, il présenta une requête à M. le juge de paix du deuxième arrondissement d'Orléans, pour le prier de nommer un vétérinaire à l'effet de constater le vice dont la jument était atteinte. Le juge de paix nomma MM. *Langlois* et *Metz,* qui condamnèrent la jument comme *corneuse*, quoiqu'elle fît très peu de bruit en respirant. Le marchand de Paris prétendit que la jument n'était pas corneuse ; le sieur *Beaujoin*, avec le procès-verbal des experts, l'attaqua au tribunal de commerce de Paris en résiliation du marché. Je fus nommé pour visiter la jument une seconde fois : je trouvai, en effet, que la jument faisait peu de bruit, mais que, dans l'exercice, la respiration s'accélérait d'une manière extraordinaire ; que les naseaux se dilataient considérablement, et que la suffocation était imminente après quelques instants d'exercice au trot au cabriolet, ce qui rendait la bête impropre au service pour lequel sa conformation paraissait la rendre apte. Je fus du même avis que MM. *Langlois* et *Metz ;* je conclus à la résiliation de la vente, et le marchand de Paris entra en arrangement avec celui d'Orléans.

Le tic sans usure des dents.

On appelle *tic* toute habitude particulière à un animal et qu'il a contractée soit par imitation, soit, ce qui est le plus ordinaire, par une cause inconnue : ainsi l'habitude, à l'écurie, de porter alternativement et rapidement la tête à droite et à gauche est appelée *le tic de l'ours*. Mais cette habitude, ainsi que plusieurs autres, ne porte aucun préjudice à l'animal, ne diminue point les services qu'on en attend, et ne pouvait pas être comptée, par conséquent, au nombre des vices rédhibitoires.

Il en est une autre, la plus commune de toutes peut-être, que l'on a nommée plus particulièrement *le tic*, et qui a des inconvénients réels.

L'animal appuie, sur le râtelier, sur la mangeoire, ou sur le timon de la voiture, les dents de l'une ou de l'autre mâchoire, plus particulièrement celles de la mâchoire supérieure, et par une contraction assez remarquable dans les muscles de l'encolure, même par une contraction dans ceux de la poitrine et de l'abdomen, surtout dans ceux de la face inférieure de l'encolure, il fait entendre par la bouche une espèce de bruit, de flatuosité ou de rot plus ou moins fort. Quelquefois même il exécute cette action sans appuyer les dents sur aucun corps, il *tique en l'air*, comme on dit vulgairement.

Si cette habitude ne produit pas toujours de mauvaises digestions, elle en est assez souvent le résultat ; quelquefois même on l'a remarquée dans des animaux affectés de vices organiques du canal alimentaire : elle déprécie donc beaucoup ceux qui en sont atteints.

Quand elle existe depuis quelque temps, le bord externe des incisives est usé, et l'on reconnaît facilement ce vice en examinant l'âge. Quand les dents ne sont pas usées, ce qui arrive lorsque l'affection n'est pas encore très-ancienne et surtout lorsque l'animal tique en l'air, on ne peut pas reconnaître le vice si l'on n'examine pas l'animal longtemps d'une manière spéciale.

A Paris, *le tic*, celui dont je viens de parler, *non apercevable à l'usure des dents*, était déjà autrefois dans les vices rédhibitoires, et cet usage était basé sur l'équité. La loi du 20 mai 1838 a sanctionné l'usage de Paris : ainsi *le tic* sur l'auge, sur la longe, sur le timon, sur l'avoine, qui est accompagné de bruit guttural ou rot, par cela qu'il déprécie l'animal, et qu'il ne peut pas toujours être apercevable au moment de la vente, est dans les vices rédhibitoires *toutes les fois qu'il n'est pas visible à l'usure des dents*. Au contraire, si les dents sont usées, *le tic* n'est plus rédhibitoire : l'acheteur ne peut pas même prétexter cause d'ignorance ; on n'achète pas un cheval sans être capable de reconnaître son âge : et toute personne qui connaît l'âge d'un cheval connaît en même temps l'usure que le tic fait éprouver aux dents. Si elle achète un animal sans pouvoir distinguer son âge, alors elle court de plein gré tous les risques d'être trompée. *Le tic* apercevable à l'usure des dents ne pouvait donc être mis au nombre des vices rédhibitoires.

Les hernies inguinales intermittentes.

Dans des chevaux entiers, l'anneau inguinal reste assez large pour, dans quelques cas, laisser sortir momentanément une anse de l'intestin et donner lieu à des coliques qui se passent à mesure que l'intestin rentre dans la cavité abdominale. Si ces coliques se terminaient toujours ainsi, l'accident serait peu important et n'aurait peut-être pas été mis au nombre des vices rédhibitoires; mais presque tous les chevaux qui se sont trouvés dans ce cas ont fini leur existence par une hernie étranglée qui les a enlevés au moment où on s'y attendait le moins. Cette mort peut arriver quelques instants après l'achat. C'est ce qui probablement a fait mettre les hernies inguinales intermittentes au nombre des vices rédhibitoires.

Les chevaux hongres sont eux-mêmes exposés à cet accident. Il arrive, dans quelques-uns de ces chevaux, qu'à la suite de la castration, l'anneau ne s'oblitère pas complétement, et que la partie infundibuliforme supérieure forme un petit cul-de-sac qui se termine entre les couches musculaires abdominales, ou même au delà de la paroi abdominale; c'est dans ce petit cul-de-sac que, dans certains mouvements, une anse intestinale peut momentanément s'engager.

Dans tous les cas, d'après le texte de la loi, il paraît que, pour être rédhibitoire, la hernie doit être intermittente. Or c'est le cas le plus difficile à déterminer par l'expert qui sera appelé pour constater ce vice rédhibitoire ; car comment pourra-t-il savoir que la hernie est intermittente, comment pourra-t-il être sûr que la hernie n'apparaît pas pour la première fois ? Une enquête seule pourra décider la question.

Heureusement que ce cas est très-rare et qu'il ne se présentera pas souvent. Ce que l'on rencontre le plus ordinairement, ce sont des hernies constantes, anciennes, peu fortes, **que le vétérinaire seul peut reconnaître après l'achat au moyen d'un examen spécial.** Ce sont ces hernies beaucoup plus communes que les hernies intermittentes, qui, dans des efforts accidentels, augmentent tout à coup, deviennent étranglées et produisent le plus souvent la mort ; ce sont ces hernies qui, ne pouvant être reconnues au moment de la vente, auraient dû être placées plutôt que les intermittentes dans le cas de la rédhibition. Il aurait été facile d'en constater la présence, tandis qu'il sera bien difficile de décider autrement que par une enquête si la hernie doit être regardée comme accidentelle ou comme intermittente.

Boiterie intermittente pour cause de vieux mal.

Toute boiterie constante apercevable au moment de la vente, toute boiterie postérieure à la vente, ne peuvent être rédhibitoires ; il ne peut y avoir rédhibition qu'à l'occasion de la boiterie qui aura été antérieure à la vente, et aura pu ne pas être apercevable au moment où le marché se faisait. Plusieurs espèces de boiteries sont dans ce cas.

Première espèce de boiterie.

Des chevaux qui ont eu des boiteries, soit à la suite d'efforts articulaires ou musculaires, soit à la suite de blessures, boitent quelquefois au moment où ils sortent de l'écurie, tandis qu'après un travail ou un exercice plus ou moins long ils ne boitent plus : c'est la boiterie que les marchands appellent *boiterie à froid*, quelle que soit l'extrémité malade, quelle que soit la partie affectée, soit même qu'on ne puisse pas reconnaître cette partie.

Il est facile, à une personne qui veut se défaire d'un pareil cheval, de l'exercer jusqu'au moment où il ne boitera plus, ou, si elle n'a pas le temps de lui faire prendre l'exercice suffisant, de le tourmenter, de le tracasser au sortir de l'écurie, de manière qu'il ne puisse marcher à aucune allure franche et que la boiterie ne puisse être apercevable. Ce défaut est donc évidemment dans le cas de la rédhibition; heureusement il est assez facile à reconnaître.

Ainsi, la boiterie ne paraissant qu'après un repos plus ou moins prolongé et diminuant à mesure de l'exercice, l'animal ne devra plus boiter, au moins d'une manière marquée, après quelque temps de travail, tandis qu'il devra recommencer à boiter après le repos. On n'aura donc qu'à faire passer successivement l'animal du repos à l'exercice et de l'exercice au repos.

En général, dans tous les cas de boiterie, même dans ceux où la cause et l'endroit malade sembleraient connus, l'expert aura le soin de faire déferrer et parer le pied de l'extrémité boiteuse, afin de s'assurer s'il n'y a pas quelque point douloureux dans le sabot. En effet, rien n'est plus insidieux souvent que les signes de boiterie, et quoiqu'il n'y ait pas de chaleur au sabot, quoique la boiterie paraisse avoir sa cause dans tout autre endroit de l'extrémité, on est étonné quelquefois d'y trouver des lésions, particulièrement des bleimes, qui en sont la cause accidentelle et presque toujours momentanée (1).

Cette précaution devient plus essentielle quand le cheval a été ferré depuis l'achat : alors plusieurs accidents récents, suite de la ferrure, et que tous les vétérinaires connaissent, tels que

---

(1) Il y a des chevaux à pieds délicats, qui ont toujours des bleimes, malgré les soins et la ferrure les mieux entendus : on reconnaît les pieds qui sont sujets à ces accidents, en ce que leur corne est plus molle, mais surtout en ce que la sole est presque toujours affectée simultanément de bleimes récentes et de bleimes anciennes, dont les dernières sont reconnaissables aux traces rougeâtres qu'elles laissent dans la sole déjà morte, qui ne reçoit plus de nourriture.

des clous enfoncés trop près des tissus internes de la corne, des fers mal ajustés, une sole brûlée par l'application d'un fer trop chaud, peuvent être la cause de la boiterie. Certains marchands de chevaux le savent si bien que, lorsqu'ils ont un cheval affecté d'une boiterie de vieux mal constamment visible, ils le vendent avec une ferrure neuve ou même ancienne, mais mal faite, au pied de l'extrémité dont l'animal boite, afin de pouvoir dire que l'animal boite par le fait de cette ferrure, d'ajouter qu'une nouvelle ferrure fera disparaître certainement la boiterie, et afin qu'en traînant ainsi en longueur ils puissent amener l'acheteur à l'expiration ordinaire du temps de la garantie. Le marchand appelé en garantie pour un cheval boiteux manque rarement d'émettre ces dires; comme ils peuvent être vrais quelquefois, l'expert doit donc toujours déferrer le sabot pour examiner cette partie avec la plus sévère attention.

Feu le professeur Gohier rapporte qu'un marchand qui voulait cacher une boiterie de vieux mal avait fait une petite blessure au sabot, afin de pouvoir dire que la boiterie provenait de cette blessure légère : il est bon de faire connaître de pareilles fraudes.

Le sieur B...., garde du corps du roi, avait acheté, dans le mois d'avril 1824, une jument avec la garantie d'usage ; il crut s'apercevoir qu'elle boitait à froid du membre antérieur gauche, il se mit en mesure de la faire reprendre.

J'examinai cette jument et je reconnus, à l'écurie, qu'elle se posait également sur l'un et l'autre membre antérieur ; que les sabots de ces extrémités étaient vieux ferrés, assez bien conformés, sans chaleur, sans douleur, et le reste des extrémités jusqu'au bras sans lésion, sans cause apparente de boiterie ; que la bête était cependant déjà un peu usée et droite sur ses boulets. Hors de l'écurie, au trot régulier et soutenu à la main, elle boitait évidemment, quoique légèrement, de l'extrémité antérieure gauche ; elle précipitait le mouvement de l'extrémité droite et frappait plus fortement le pavé de cette extrémité que de l'autre, de manière à faire entendre de l'irrégularité dans le bruit de percussion : enfin cette boiterie était apercevable quelquefois aux mouvements de la tête. Elle disparaissait sous l'homme lorsque la bête était tenue en main et rassemblée entre les jambes. Elle reparut, après que j'eus fait tourner la jument brusquement et fortement sur l'une et l'autre extrémité, pour disparaître de nouveau après un instant d'exercice. Le sabot, sondé, frappé et visité de toute manière, ne donnait aucun signe de douleur et ne présentait aucune lésion récente ; mais en touchant et regardant de plus près l'épaule gauche, j'aperçus au bas, sur la partie supérieure du bras, une dépression de plusieurs centimètres de hauteur, contre nature, que la couleur de la robe dérobait facilement aux yeux, qui était évidemment la suite de quelque blessure ancienne et qui pouvait être cause de la boiterie, aucune autre ne se faisant remarquer. J'estimai que la jument était réellement boiteuse de l'extrémité antérieure gauche, que cette boiterie était apparente à froid, qu'elle pouvait être facilement masquée par l'exercice sous l'homme, qu'elle était ancienne, une de celles dites de vieux mal, par conséquent antérieure à la vente et rédhibitoire.

Le mouvement convulsif des extrémités postérieures, connu sous la dénomination d'*éparvin sec*, quand il n'existe que momentanément au commencement de l'exercice, rentre dans ce cas, quelle que soit sa cause. C'est évidemment une boiterie de vieux mal à froid, qui, faisant souffrir l'animal, est cause que la durée du service s'en trouve diminuée et que l'animal est d'une valeur réelle et commerciale moindre.

Deuxième espèce de boiterie.

Il arrive, à l'égard de quelques chevaux dont les articulations sont fatiguées, que l'exercice les rend boiteux pour un laps de temps plus ou moins long, et que le repos les remet droits jusqu'à ce qu'un nouvel exercice vienne les rendre boiteux de nouveau. Quelquefois il suffit d'un repos de quelques heures pour faire disparaître la boiterie, mais quelquefois aussi il faut un repos de plusieurs jours. C'est la boiterie qu'on appelle vulgairement *boiterie à chaud*. Un marchand qui veut se défaire d'un animal qui se trouve en pareil cas attend qu'il soit bien redressé, et il le met en vente. La personne qui veut l'acheter lui fait faire un peu d'exercice ; elle le trouve bon, elle l'achète. Un jour ou deux après, elle le pousse un peu davantage ; le cheval boite. Le lendemain, en sortant de l'écurie, il ne boite plus ; mais la boiterie reparaît après un nouvel exercice, et la personne se met en mesure de faire reprendre le cheval.

Dans un pareil cas, l'expert n'est quelquefois pas plus embarrassé que dans le cas précédent ; il suffit de faire exercer l'animal jusqu'à ce qu'il boite, et de le faire reposer ensuite quelques heures, ou mieux une nuit, pour que la boiterie cesse, et ensuite recommence avec un exercice prolongé : deux jours au plus d'examen lui suffisent donc pour reconnaître la nature de la boiterie.

Mais il est rare que cette espèce de boiterie se présente d'une manière aussi simple. Le cheval, au lieu de boiter après l'exercice, ne boite souvent que le lendemain en sortant de l'écurie; ou s'il a déjà boité pendant l'exercice, il lui faut plus d'une nuit et souvent même plus d'un jour pour se remettre droit. Dans ce cas, la boiterie ressemble bien à une boiterie fortuite, et il est assez difficile pour l'expert de l'en distinguer; mais l'acheteur, persuadé, par la manière dont le cheval a été conduit et par les renseignements, que la boiterie est ancienne, se met en mesure de faire reprendre le cheval, et se présente chez l'expert nommé, qui trouve le cheval boiteux soit à froid, soit échauffé.

L'acheteur prétend que c'est une boiterie de vieux mal.

Le vendeur, de son côté, avance que la boiterie est récente, qu'elle est du fait de l'acheteur qui a forcé ou estropié l'animal.

Comme c'est quelquefois le cas, l'expert, qui ignore les antécédents, se trouve fort embarrassé, et il ne peut pas prononcer de suite qu'il y a ou qu'il n'y a pas vice rédhibitoire.

La première chose qu'il doit faire est de demander que l'animal soit mis en fourrière en main tierce, afin d'être visité par lui plusieurs fois et quand il le jugera convenable. Ces visites doivent être répétées, et les parties y être appelées, pour qu'elles fassent toutes les observations qu'elles croiront utiles à leurs intérêts. Le temps, les examens divers à froid, à chaud, après un repos prolongé de plusieurs jours, les discussions même qui s'élèveront entre les parties, éclairciront bien des doutes. L'expert émettra son opinion quand ils seront tous levés, en détaillant bien les raisons qui lui font adopter plutôt l'une que l'autre.

S'il ne peut pas parvenir à ce résultat, ce qui peut arriver quelquefois, il se contentera de relater dans son procès-verbal tout ce qu'il aura fait, toutes les précautions qu'il aura prises, et il laissera aux juges à prononcer s'il y a vice rédhibitoire. Son soin devra être de rédiger son procès-verbal de manière à leur mettre devant les yeux le point douteux de la question (voyez, deuxième partie, les conclusions d'un procès-verbal rédigé dans une occurrence semblable). Quelquefois, dans ce cas, il n'y aura d'autre moyen pour le tribunal de découvrir la vérité que de demander à l'acquéreur les preuves que l'animal a boité avant la vente.

Troisième espèce de boiterie.

Il y a des chevaux qui boitent, et de la boiterie desquels on ne s'aperçoit pas si on les essaye à un seul genre de travail : ainsi il arrive quelquefois qu'un cheval attelé, et pour ainsi dire soutenu par les harnais ou les brancards, ne paraît pas boiteux, quoiqu'il le soit réellement et manifestement quand il n'est plus attelé ou quand il est exercé sous l'homme. Dans ce cas, je pense qu'il y a encore lieu à la rédhibition si l'acheteur n'a vu le cheval qu'au genre de service où la boiterie n'est pas visible, et s'il ne l'a pas essayé autrement. Si, au contraire, il l'a essayé, s'il a pu se convaincre par lui-même du défaut, il ne peut plus revendiquer en sa faveur l'application de la loi. C'est donc la manière dont s'est faite la vente, ou plutôt l'essai de la chose vendue, qui détermine si le cas doit être rédhibitoire, ou s'il ne doit pas l'être.

L'expert fera essayer l'animal de différentes manières ; il notera ce qu'il observera ; il relatera surtout les dires de l'acquéreur et du vendeur relativement à l'essai lors de la vente, et il laissera au tribunal à statuer si la boiterie rentre dans celles prévues par la loi. Si le tribunal veut avoir l'avis de l'expert, il renverra les parties une seconde fois devant lui, et au lieu d'un simple procès-verbal de visite, il lui demandera un rapport : alors le vétérinaire deviendra arbitre (voyez, deuxième partie, *Arbitres-rapporteurs*, chap. XI).

Quatrième espèce de boiterie.

Les boiteries alternatives, c'est-à-dire les boiteries à chaud ou à froid, sont quelquefois dues à des défauts visibles dont l'acheteur a pu se convaincre. Ainsi une boiterie, soit à froid, soit à chaud, est due souvent ou à un suros placé sur le canon près les tendons, ou à un jarret cerclé, ruiné, etc. Ce cas a été le sujet de contestations, et le vendeur a prétendu que, puisque la cause était apparente, le vice ne devait pas être placé au nombre des vices rédhibitoires. Comme tout jarret malade, comme tout suros ne sont pas cause de boiterie, ou autrement, comme la boiterie n'est pas une conséquence invariable de ces défauts ou de tout autre semblable ; comme, par cette raison, l'acheteur peut fort bien consentir à acheter un cheval avec un jarret un peu malade ou avec un suros, et qu'il ne veuille pas l'acheter avec une boiterie (1) ; comme aussi il faut se connaître en chevaux pour reconnaître des articulations qui sont malades d'une manière grave, il semble, dans l'intérêt de la garantie, que toutes ces boiteries, *dès qu'elles ont pu disparaître momentanément par le repos et par des soins pour reparaître ensuite*, devraient donner lieu à la rédhibition. Le plus souvent, les tribunaux ont prononcé la résiliation ; quelquefois cependant ils ont sanctionné le marché. La forme peut-être a emporté le fond.

Dans ce cas encore, l'expert demandera que l'animal soit mis en fourrière; il l'examinera à des intervalles différents, et, quand il sera bien convaincu de la nature et de la cause de la boiterie, il expliquera clairement, dans son procès-

---

(1) Tous les jours, c'est le cas dans le commerce des chevaux de trait.

verbal, ce qui existe, ce qu'il a fait, ce qui en a résulté, et il laissera le tribunal prononcer sur la rédhibition (voyez, deuxième partie, chap. XIV, le procès-verbal, n° 4 ou 5), à moins que le tribunal ne lui ait demandé de se prononcer.

Cinquième espèce de boiterie.

Les maladies du sabot anciennes, et qui donnent lieu souvent à des boiteries momentanées, peuvent être cachées par la ferrure. De pareilles maladies mettent tout naturellement l'animal qui en est atteint dans le cas de l'article 1er de la loi, puisqu'elles déprécient beaucoup l'animal : j'en citerai deux exemples.

1° M. Deshon, Anglais, avait acheté d'un marchand de Paris, en décembre 1823, une jument de selle; il l'essaya assez vigoureusement le lendemain de l'achat, et, en rentrant, il crut s'apercevoir qu'elle boitait légèrement de l'extrémité antérieure gauche; le surlendemain, dans certains moments, la bête boitait manifestement; elle ne boitait pas dans d'autres. L'extrémité malade explorée ne présentait rien, et la manière dont l'animal boitait indiquait que la boiterie était dans le pied ; cependant il n'était pas plus chaud que l'autre et paraissait très-sain : je le sondai avec les tricoises, et je reconnus de la douleur dans le quartier interne ; je le fis déferrer, et je trouvai, le fer étant enlevé, que la solde était désunie de la paroi dans une longueur de 4 à 5 centimètres ; ce qui formait un vide de quelques millimètres de largeur et de profondeur. Une légère pression sur la solde à cet endroit occasionnait de la douleur ; le quartier, par l'action de déferrer, était devenu chaud et plus douloureux. Cette cavité paraissait être la suite d'une ancienne suppuration ; elle était évidemment antérieure à la vente, cachée au moment du marché ; elle était la cause de la boiterie ; elle dépréciait beaucoup la jument : si pareil cas se représentait, je n'hésiterais pas à prononcer que cet accident met l'animal dans le cas de boiterie intermittente de vieux mal.

2º Une personne avait acheté un fort et beau cheval de trait. Les pieds étant vieux ferrés, et les fers couverts et longs en talons ; cette personne voulut, deux ou trois jours après l'achat, faire ferrer l'animal. Le maréchal, en déferrant un des pieds de derrière, trouva, à l'un des talons, l'ulcère nommé vulgairement *crapaud* (1).

Le cheval ne boitait pas, et le fer couvrait tellement bien la place du crapaud qui était au talon, et qui commençait à désunir la muraille d'avec la sole dans un espace de 5 centimètres environ, qu'on n'apercevait rien. Le fer enlevé, la plaie présentait ces végétations cornées, filamenteuses, et laissait échapper cet ichor putride, qui distinguent particulièrement l'ulcère; ce n'était qu'en regardant bien attentivement le pied extérieurement qu'on s'apercevait qu'il était un peu plus volumineux que l'autre. Je n'hésiterai pas encore à placer un accident pareil dans le cas de boiterie intermittente de vieux mal.

PARAGRAPHE II.

VICES RÉDHIBITOIRES POUR L'ESPÈCE BOVINE.

Phthisie pulmonaire ou pommelière.

Aucune maladie ne déprécie plus un animal

---

(1) C'est un ulcère chronique qui attaque la corne du pied, et qui est fort difficile à guérir.

que la phthisie pulmonaire, parce que non-seulement dans un espace de temps plus ou moins long elle doit conduire l'animal à la mort, mais encore parce qu'elle diminue la somme des travaux que le bœuf de labour peut donner; parce qu'elle diminue, au moins momentanément, la quantité de lait de la vache laitière; enfin parce que la vache est moins propre à donner une génération saine et vigoureuse. De plus, il est assez difficile, au premier coup d'œil, de reconnaître un animal phthisique : ce n'est que par un examen soigneux et de quelque durée qu'on peut arriver à la certitude de l'existence de la maladie; elle a donc été, à juste titre, placée par la loi au nombre des vices rédhibitoires.

Mais, s'il est facile de reconnaître la phthisie pulmonaire chronique ou pommelière sur un animal mort, il n'en est pas tout à fait de même sur l'animal vivant; cependant un examen suffisamment continué la fera reconnaître.

Deux circonstances se présentent pour l'expert chargé de constater l'état de l'animal : ou bien l'animal n'a point de redoublement aigu, ou bien il est dans un moment où la maladie chronique s'accompagne d'un accès aigu.

Dans le premier cas, si la maladie n'est point avancée, il ne sera pas facile de la reconnaître, mais alors il n'y aura pas de demande en rédhibition ; ce ne sera que si la maladie est déjà grave, et alors les symptômes de la pommelière sont assez faciles à reconnaître. L'animal paraît en santé ; il mange bien, et toutes ses autres fonctions se font assez bien, même la sécrétion du lait, comme je l'ai déjà dit. Cependant, malgré cet état apparent de santé, il y a une petite toux sèche, fréquente, qui se montre par moments et par petits accès ; le poil est parfois sec, terne ; la peau est *collée aux côtés* plus que sur les autres parties du corps ; la respiration, après quelques instants de marche, est pénible ; les naseaux sont dilatés ; il s'en écoule un mucus assez abondant. Si à ces symptômes se joint une certaine maigreur, si une des parties de la poitrine d'un côté paraît beaucoup plus sensible que les autres parties, si elle est presque douloureuse, et si on ne trouve aucun symptôme d'autre maladie chronique, on peut être sûr que la bête est affectée de pommelière, et on peut conclure sans risquer de se tromper. J'ai eu plusieurs fois, à Paris, ce cas à constater par suite de demande en garantie, et je n'ai pas eu à me repentir d'avoir dit que la pommelière existait.

Mais, dans le second cas, il n'est pas aussi facile de prononcer, surtout quand c'est une jeune bête qui est malade. Parmi le grand nombre de celles que j'ai vues, il m'aurait été souvent difficile de pouvoir assurer qu'il y avait eu déjà des attaques de pulmonie; et il faut se rappeler que, quand il s'agit d'une affaire litigieuse commerciale, il ne faut se prononcer qu'avec certitude, car sans cela une ouverture du cadavre pourrait contredire les prévisions de l'expert; d'ailleurs plusieurs attaques de pulmonie pourraient avoir eu lieu sans y laisser, ce qui serait très-rare néanmoins, des traces organiques anciennes *apercevables* après la mort. Cependant il est quelques symptômes qui, sur l'animal vivant, annoncent des lésions anciennes au milieu des symptômes d'acuité ; ainsi la *sécheresse et l'adhérence très-forte de la peau,* la nature grumeleuse du mucus qui s'échappe des naseaux, la nature de la toux qui est sèche et quinteuse, un état de maigreur et de faiblesse peu en harmonie avec le régime, un aspect particulier de l'animal, un *facies* que je ne puis définir, faute de l'avoir assez étudié peut-être, m'ont indiqué quelquefois encore avec certitude une pommelière cachée sous des symptômes de pulmonite aiguë.

Si l'animal vient à périr dans le temps de la garantie (cas prévu par l'article 7 de la loi), l'ouverture du corps doit être faite. Les lésions cadavériques sont alors très-faciles à constater.

L'épilepsie ou mal caduc.

Les mêmes considérations qui ont fait placer l'épilepsie au nombre des vices rédhibitoires pour le cheval l'ont fait placer pour le bœuf; les mêmes symptômes à peu près annoncent la maladie; mais pour celui-ci, l'acheteur a peut-être une autre marche plus simple à suivre que de former une demande en garantie, c'est d'engraisser l'animal et de le vendre au boucher : il n'aura ainsi aucun des soins désagréables et aucuns des frais du procès. Les consommateurs de viande peuvent, de leur côté, être tranquilles sur cette nourriture; jamais elle n'a fait aucun mal. L'acheteur verra donc s'il doit ou ne doit pas intenter un procès.

Les suites de la non-délivrance après le part chez le vendeur.

Les marchands de vaches garantissent toujours verbalement que les vaches qui sont fraîches vélées ont bien délivré, ou bien que la délivrance se fera bien et n'aura aucune suite : ils garantissent donc toujours verbalement une bonne délivrance. La loi, *en mettant les suites de la non-délivrance après le part chez le vendeur,* au nombre des vices rédhibitoires, n'a fait que consacrer un ancien usage de quelques localités; seulement elle a rendu le droit plus juste, et l'application plus facile, en spécifiant qu'il n'y avait plus de garantie que pour les suites du part antérieur à la vente et arrivé chez le vendeur.

En effet, si la vache a été achetée pleine, l'acheteur a couru de droit les chances de la bonne ou mauvaise délivrance de la vache, et le vendeur ne doit plus en être garant.

Si donc l'acheteur veut se soustraire à ces chances, il doit exiger du marchand une garantie écrite, par laquelle celui-ci s'engage à reprendre la vache, si le part ne se fait pas d'une manière heureuse.

Le renversement du vagin ou de l'utérus après le part chez le vendeur.

Le renversement du vagin et même celui de l'utérus sont des suites accidentelles et maladives très-graves du part, et qui entraînent parfois la perte de l'animal.

Comme il arrive souvent que ces accidents sont la suite des mauvaises manœuvres opératoires qu'on pratique au moment du part, il était juste que ces manœuvres tombassent à la charge de celui qui les pratiquait.

Ainsi, quand à la suite du part, arrivé chez le vendeur, la chute du vagin ou de l'utérus se montre, c'est à la charge du vendeur; au contraire, quand le part a eu lieu chez l'acheteur, c'est lui, acheteur, qui en a à sa charge toutes les suites.

Ce cas rentre d'ailleurs tout à fait dans le précèdent comme point de droit. L'acheteur, en achetant une vache pleine, se soumet à tous les risques que le part fait courir à l'animal : c'est à lui à ne pas acheter s'il veut se soustraire à ces risques, ou à exiger une garantie écrite de ces risques.

Tels sont, pour l'espèce bovine, les seuls vices rédhibitoires fixés par la loi du 20 mai 1838 ; mais la dérogation par cette loi au principe posé par l'article 1641 du Code devait porter ses fruits, et, maintenant, pour l'espèce d'animaux dont il s'agit dans ce paragraphe, une addition à la loi est devenue nécessaire, si l'on ne veut pas compromettre dans quelques cas, dans les grandes villes, la santé des consommateurs de viande de bœufs. Mais nous reviendrons plus loin sur ce sujet : passons aux vices rédhibitoires pour l'espèce ovine.

VICES RÉDHIBITOIRES POUR L'ESPÈCE OVINE.

La clavelée : cette maladie reconnue chez un seul animal entraînera la rédhibition de tout le troupeau. La rédhibition n'aura lieu que si le troupeau porte la marque du vendeur.

La clavelée, dite aussi claveau, picote, clavelade, petite vérole, est, chez la bête ovine, une maladie qui ressemble à la petite vérole chez l'homme. Elle est, comme celle-ci, extrêmement contagieuse, et souvent mortelle. Elle se manifeste par une fièvre plus ou moins intense, et ensuite par une éruption de boutons à auréole circonscrite, mais irrégulière; les boutons s'ulcèrent rapidement et forment de petites plaies vives et d'un mauvais aspect : ils laissent alors échapper un ichor qui se dessèche rapidement et forme des croûtes. C'est principalement à la tête, autour des yeux, des naseaux, des lèvres, que ces espèces d'ulcérations boutonneuses se manifestent. Elles se trouvent ensuite, mais en moins grand nombre, sur les parties non garnies de laine, telles que les ars antérieurs, les ars postérieurs, le plat des cuisses, le dessous du ventre, et enfin les autres parties du corps couvertes de laine; mais elles y sont encore moins nombreuses. La peau, dans les parties malades, est plus épaisse; elle est très-adhérente; elle est rougeâtre, comme marbrée de petites taches; elle est sensible, douloureuse même.

La clavelée, quand elle est très-intense, se manifeste, presque aussitôt l'invasion, par le malaise des animaux; et la personne qui aura, par accident, acheté des bêtes claveleuses, les reconnaîtra facilement, deux ou trois jours après l'achat, à la tristesse, au défaut d'appétit, à la nonchalance et aussi déjà à l'engorgement de la peau et à sa rougeur, à sa rigidité, à sa sensibilité aux endroits que nous venons d'indiquer; déjà même on pourra y apercevoir le commencement des boutons; mais il est des circonstances où la maladie ne se développe pas avec beaucoup d'acuité : les boutons claveleux sont peu abondants, très-petits, quelquefois ils ne sont point à la tête, mais sur d'autres parties du corps. S'il n'y a, d'abord, qu'un ou deux animaux malades, ils peuvent alors échapper inaperçus au milieu des autres, tandis qu'après la garantie expirée, la maladie peut sévir avec beaucoup plus d'intensité sur les animaux qui en seront affectés en second lieu, et en faire périr un grand nombre; elle se communiquera même à ceux que l'acheteur possédait avant l'achat : c'est donc avec juste raison que cette maladie a été placée au nombre des vices rédhibitoires.

La personne qui a vu le claveau le reconnaîtra assez facilement; mais celle qui ne l'aurait pas vu pourrait s'y tromper. Ainsi il est une éruption boutonneuse, ulcéreuse même, autour du museau, qui simule un peu le claveau, on l'a appelé *noir museau* : ainsi j'ai été invité à me rendre auprès de Melun pour un troupeau qui, disait-on, avait le claveau, et sur lequel je n'ai trouvé qu'une éruption de petits boutons qui n'était point le claveau. Mais, lorsque la maladie sévit avec force, il n'y a pas lieu à se tromper. Si donc l'acheteur d'un lot de moutons remarquait une éruption boutonneuse sur les animaux achetés, il devrait les faire visiter de suite par un vétérinaire au fait de la maladie.

Le claveau étant très-contagieux, il était juste, dès qu'il se manifestait sur un individu, que ceux qui l'accompagnaient et qui étaient vendus en même temps se trouvassent dans le cas de la garantie.

Mais si le législateur, en plaçant le claveau dans le cas de la rédhibition, a fait un acte d'équité envers l'acheteur, il n'a pas voulu qu'un acheteur qui aurait le claveau chez lui et qui ne s'en douterait pas vînt donner le claveau à des animaux qu'il aurait nouvellement achetés, et ensuite les faire reprendre par le vendeur, dans la croyance où il pourrait être que ce sont les animaux de celui-ci qui ont apporté la maladie. C'est pour cela, je le présume au moins, que le législateur a voulu, pour qu'il y ait rédhibition, que le troupeau acheté portât la marque du vendeur. De cette manière, il est facile, quand les animaux nouvellement achetés sont mêlés avec les autres, de voir quels sont ceux chez lesquels le claveau apparaît en premier lieu.

Comme la loi exempte le vendeur de la rédhibition, si les moutons ne sont pas marqués à sa marque, c'est à l'acheteur qui peut craindre l'introduction du claveau dans son troupeau, par un lot de bêtes étrangères, à exiger que ces bêtes soient marquées de la marque du vendeur.

Le sang de rate : cette maladie n'entraînera la rédhibition du troupeau qu'autant que, dans le délai de la garantie, sa perte constatée s'élèvera au 15ᵉ au moins des animaux achetés. — Dans ce dernier cas, la rédhibition n'aura lieu également que si le troupeau porte la marque du vendeur.

En mettant le sang-de-rate au nombre des vices rédhibitoires, pendant une durée de garantie de neuf jours, on a diminué les chances défavorables que le vendeur pouvait courir en vendant des animaux à un cultivateur qui possédait des champs où, à certaines saisons de l'année, les moutons étaient sujets à mourir de cette maladie. De plus, en fixant au moins à un 15ᵉ la perte, pour qu'il y ait lieu à la rédhibition de tout le lot vendu, on a encore diminué les chances défavorables du vendeur.

Mais la loi aurait dû dire qu'il n'y aurait pas de rédhibition pour les cultivateurs dont les terres étaient reconnues pour donner le sang-de-rate, car la loi ne fera pas que, d'un troupeau vendu par moitié, l'une de ces moitiés, conduite sur certains pâturages, ne voie plus d'un 15e des animaux mourir dans les neuf jours de la garantie, tandis que l'autre moitié, conduite sur d'autres pâturages, ne perdra peut-être pas un animal de cette maladie.

La loi a encore l'inconvénient, de la manière dont elle s'exprime, de laisser dans l'incertitude si, dans le cas où il y aura perte de moins d'un 15e, le vendeur sera garant de cette perte de moins d'un 15e.

La clause de la marque du vendeur est, comme dans le cas de claveau, une prescription avantageuse dans l'intérêt d'une bonne justice distributive. — C'est à l'acheteur à exiger que cette clause soit remplie, s'il ne veut pas perdre son recours en garantie.

Comme le sang-de-rate, *commercialement parlant*, n'est pas, ainsi que le claveau, une maladie sur laquelle on s'entende parfaitement; comme la science n'est même pas encore bien fixée sur cette maladie, je crois devoir finir cet article par un mot sur les phénomènes qu'on appelle de ce nom.

Les animaux cessent presque tout à coup de manger, de marcher ; ils baissent la tête et tombent ; les flancs battent d'une manière extraordinaire, comme cela a lieu à l'approche d'une mort violente. De la bave s'écoule de la bouche ; souvent du sang s'échappe des naseaux, ou avec les urines ou avec les excréments ; des mouvements convulsifs surviennent dans tout le corps, et l'animal ne tarde pas à mourir ; rarement il languit quelques jours ; aucun traitement curatif ne peut être regardé comme efficace, et les animaux attaqués meurent.

C'est sur ceux qui paraissent en meilleur état qu'elle se manifeste ordinairement d'abord, et il n'y a aucun signe précurseur qui puisse l'indiquer quelque temps à l'avance. Il est donc facile de vendre un lot, même un troupeau de bêtes à laine dans lequel elle commence à sévir, sans que l'acheteur puisse se douter en aucune façon qu'elle y existe : on l'a vue détruire jusqu'aux quatre cinquièmes d'un troupeau.

10

Maintenant, qu'est-ce que le sang-de-rate dans l'état de la science ? Les uns pensent que c'est une simple irruption ou congestion sanguine instantanée, dans des organes déjà affaiblis depuis longtemps par des causes diverses, dans la rate et dans la membrane muqueuse intestinale spécialement ; — les autres, que c'est une affection charbonneuse rapide, et on trouve quelques faits à l'appui de la contagion de la maladie. — Enfin quelques-uns ont pensé que certains gaz délétères qui se développaient tout à coup dans le rumen, en réagissant subitement sur le système nerveux, à la manière de certains poisons, tuaient instantanément les animaux. Peut-être ces trois cas différents sont-ils appelés du même nom et confondus.

A l'ouverture, on trouve des congestions sanguines ou sur la rate, ou sur la membrane muqueuse intestinale, ou sur le foie, ou sur les reins, ou sur quelques points de la muqueuse intestinale, ou même sur les poumons et sur quelques points du système cérébro-spinal. Enfin, suivant des vétérinaires, mais dans quelques cas seulement, les signes cadavériques sont si légers, qu'ils ne donnent pas une raison suffisante de la mort, et que rien n'en explique la rapidité.

DEUXIÈME PARTIE.

CHAPITRE IX.

MANIÈRE DE PROCÉDER DANS LE CAS D'EXISTENCE DE VICES RÉDHIBITOIRES.

§ 1º. *A l'amiable, devant un vétérinaire.*

Avant de former une demande en rédhibition, l'acquéreur se rend souvent chez le vendeur pour s'arranger avec lui; et les parties conviennent entre elles de s'en rapporter à un vétérinaire; c'est-à-dire le vendeur de reprendre l'animal si le vétérinaire le trouve affecté d'un vice rédhibitoire, et l'acquéreur de le garder si le vétérinaire juge qu'il n'en est pas attaqué.

Les parties se présentent alors devant ce vétérinaire, ou avec l'intention, d'une et d'autre part, de terminer de suite la contestation sur son prononcé, ou avec l'intention de se comporter ensuite comme elles l'entendront, si la décision ne leur convient pas.

Quelquefois une des parties a la ferme résolution de terminer de suite sans appeler de la décision, tandis que l'autre ne veut pas se lier et a l'intention d'en appeler si la décision lui est défavorable : l'une est sans réserve, l'autre ne l'est pas ; il n'y a pas égalité de chances à courir.

Quand les deux parties se présentent ainsi à l'amiable devant un vétérinaire, celui-ci doit donc leur demander quelles sont leurs intentions.

Si elles conviennent de s'en rapporter à lui, comme arbitre définitif, sans se réserver l'appel, il doit leur faire rédiger sur papier timbré un acte ou compromis par lequel elles le reconnaissent pour juge unique sans réserve d'appel. (Voyez chapitre XIII, pièce n° 6.)

Si l'une des parties refuse ce compromis, la visite du vétérinaire devient inutile, à moins que les parties ne persistent à avoir son opinion. Dans ce cas, ce n'est plus qu'une simple consultation demandée au vétérinaire ; il n'a qu'à donner son avis. Les parties s'arrangent ensuite comme elles l'entendent.

Dans le cas où les parties consentiraient à la visite de l'animal et à l'arbitrage, en renonçant à l'appel, mais où l'une ne saurait écrire, elles se retireront pour énoncer leur volonté par-devant un officier public, notaire ou juge de paix du lieu, qui rédigera la transaction ou le compromis. Dans ce cas, les parties feraient aussi bien de porter de suite l'affaire au tribunal de paix. (Voyez le paragraphe second de ce chapitre.)

La loi approuve ce genre de terminer les contestations, et a réglé la manière dont il fallait procéder, dans le code de procédure civile, 2e partie, livre III, qui traite uniquement des arbitrages (1).

Dans le cas où chacune des parties choisit un vétérinaire arbitre, comme il peut arriver que les deux arbitres ne soient pas d'accord, il faut nécessairement avoir recours à un tiers arbitre. Dans ce cas, avant de faire la visite de l'animal, les vétérinaires, pour éviter toute lenteur tou-

---

(1) Art. 1003. Toutes personnes peuvent compromettre sur les droits dont elles ont la libre disposition.

Art. 1004.

Art. 1005. Le compromis pourra être fait par procès-verbal devant notaire, ou sous signature privée.

(Voyez aussi le Manuel des arbitres.)

jours dispendieuse, feront bien de convenir entre eux du tiers arbitre qu'ils prendront et de mettre sur le compromis que, dans le cas de non-accord de leur part, ils conviennent d'agréer tel vétérinaire pour tiers arbitre.

Si la partie condamnée ne tenait point compte de l'arbitrage et n'exécutait point le jugement, l'arbitre ou les arbitres dresseraient procès-verbal de leur opération et de leur jugement, en énonçant qu'ils l'ont rédigé par suite du compromis; ils en déposeraient la minute, dans les trois jours, au greffe du tribunal de première instance, dans le ressort duquel leur jugement aurait été prononcé (*code de procédure civile, art.* 1020).

Si l'affaire était de la compétence d'un tribunal de commerce, ils pourraient déposer aussi le procès-verbal au greffe de ce dernier tribunal.

Si dans le compromis il y avait un délai fixé pour la prononciation du jugement, l'arbitre ou les arbitres seraient obligés de rédiger le procès-verbal de leur opération dans ce délai : sans cette formalité, le procès-verbal ne serait plus valable en justice.

Dans un arbitrage à deux, si les vétérinaires n'avaient pas été d'accord, et que l'intervention du tiers arbitre fût devenue nécessaire, celui-ci ne devra procéder à l'examen convenu que lorsqu'il aura le procès-verbal signé des deux premiers arbitres.

L'acheteur devra, toutefois, faire attention qu'il faut que l'action rédhibitoire soit intentée judiciairement dans le délai de la garantie, et qu'il faut que ce compromis soit signé avant l'expiration de ce délai. Si le compromis n'était donc pas encore signé un peu avant l'expiration du délai de la garantie, l'acheteur devrait renoncer à l'arrangement à l'amiable, et se hâter de faire signifier par huissier l'action en résiliation pour vice rédhibitoire. Il ferait même toujours très-bien, nonobstant toutes conventions, de prendre cette mesure conservatrice de ses droits. (Voyez, à ce sujet, le paragraphe troisième de ce chapitre.)

§ 2°. *A l'amiable, devant le tribunal de paix.*

Les parties, au lieu de s'en rapporter directement à un vétérinaire, préfèrent souvent s'en rapporter à un juge de paix. Cet arbitrage est entièrement dans les attributions de ce magistrat d'après le code de procédure civile (1); il l'est bien davantage actuellement que la nouvelle loi veut que la requête soit présentée au juge de paix du lieu où se trouvera l'animal.

Le juge de paix nomme un vétérinaire expert pour constater l'existence ou la non-existence du vice reproché à l'animal. Si les parties sont d'accord du même vétérinaire, le juge de paix le choisit ordinairement de préférence à tout autre.

Dans ce cas, le juge de paix doit inviter le

---

(1) § 7. Les parties pourront toujours se présenter volontairement devant un juge de paix, auquel cas il jugera leur différend, soit en dernier ressort si les lois ou les parties l'y autorisent, soit à la charge de l'appel, encore qu'il ne fût le juge naturel des parties ni à raison du domicile du défendeur, ni à raison de la situation de l'objet litigieux.

La déclaration des parties qui demanderont jugement sera signée par elles, ou mention sera faite, si elles ne savent signer.

vétérinaire à ne pas donner son avis devant les parties, mais à le lui donner en particulier. — De cette manière, il se trouve à même d'amener encore les parties à quelque arrangement amiable, tandis que, si celles-ci connaissaient l'opinion de l'expert, celle à qui cette opinion donnerait gain de cause ne voudrait peut-être plus consentir à aucun sacrifice.

Si le juge de paix ne peut amener les parties à un accommodement, il prononce son jugement.

Si la partie condamnée refuse d'exécuter le jugement, le juge de paix, après l'avoir fait enregistrer, en fait délivrer expédition en forme pour en poursuivre l'exécution.

La déclaration faite par les parties au juge de paix qu'elles lui demandent jugement sans citation préalable a, comme on le voit, l'effet du compromis.

§ 3°. *Judiciairement devant le juge de paix.*

Si l'affaire, par le prix de l'animal, est de la compétence du tribunal de paix et que l'acheteur veuille poursuivre le vendeur devant le tribunal de paix compétent, et que de son côté le vendeur refuse de comparaître à l'amiable, voici ce que l'acheteur doit faire :

Il adresse *au juge de paix de l'endroit où est l'animal* (loi du 29 mai 1838) une demande, pour le prier de nommer un expert pour constater l'état de l'animal dont il s'agit.

Cette demande doit être faite sous forme de requête et sur papier timbré. (Voyez chap. XIII, pièce n° 1er.)

Dans le cas où le vendeur est loin de l'endroit où se trouve l'animal, l'acheteur doit indiquer cette circonstance sur sa requête.

Le juge de paix, sur la présentation de la requête, nomme un vétérinaire pour visiter l'animal et dresser un procès-verbal de la visite ; si le vendeur n'est point dans la localité, le juge nomme ordinairement deux vétérinaires dont l'un doit représenter le vendeur absent.

Mais en même temps que l'acheteur présente sa requête au juge de paix du lieu où se trouve l'animal, il fait aussi, dans le temps de la garantie, assigner son vendeur à comparaître devant le juge de paix du domicile du défendeur ou devant le juge de paix dans l'arrondissement duquel la promesse a été faite et la marchandise livrée, ou de celui dans l'arrondissement duquel le payement devait être effectué (*code de procédure civile*, § 420).

De cette manière, il pourra arriver qu'un juge de paix aura nommé l'expert qui devra visiter l'animal et constater son état, et que l'affaire sera néanmoins portée devant le tribunal d'un autre juge de paix.

Il faut, je le répète, que l'assignation de comparaître soit signifiée au vendeur dans le délai de la garantie prescrit par la loi; sans cela, le recours en garantie serait perdu.

Longtemps des tribunaux ont jugé que, l'assignation donnée au vendeur dans le temps de la garantie de comparaître à la visite du cheval faite par l'expert nommé par le tribunal, ou même la sommation simple dans le temps de la garantie de reprendre le cheval pour cause de vice rédhibitoire, suffisait pour mettre le demandeur en position légale d'exercer son droit de garantie; il n'en est pas ainsi:

Il faut que l'*action* soit intentée dans le délai

de la garantie ; et par *action*, la cour de cassation (arrêt du 18 mars 1833) n'entend, ni tous les actes relatifs à la constatation du vice, ni même l'acte de sommation par huissier faite au vendeur de reprendre l'animal pour cause de vice rédhibitoire, mais seulement *la demande introductive d'instance*, ou, en d'autres termes, l'*assignation au vendeur*, dans le temps de la garantie, *de comparaître devant le tribunal à tel jour, pour s'y voir condamné à reprendre l'animal qu'il a vendu, attendu le vice rédhibitoire dont il est atteint.*

L'acheteur, muni de l'ordonnance qui nomme l'expert vétérinaire, se rend chez ledit expert ou chez les experts s'il y en a plusieurs, pour convenir de l'heure et du lieu de la visite ; il fait sommer le vendeur de s'y trouver, si celui-ci est dans la localité.

L'expert, ayant fait sa visite, dresse son procès-verbal (voyez chapitre XIII, pièces n°s 3, 4, 5), qu'il remet au demandeur, ou bien qu'il dépose au greffe du juge de paix.

Les juges de paix prononcent *sans appel* sur la validité des demandes dans les matières dont la valeur n'excède pas cent francs et à la charge de l'appel jusqu'à la valeur de deux cents francs.

Comme au-dessus de deux cents francs le jugement rendu par un juge de paix est susceptible d'appel, l'acquéreur d'un animal atteint d'un vice rédhibitoire fera mieux, si l'achat de l'animal a excédé deux cents francs, et si le vendeur ne veut pas reconnaître la compétence du juge de paix, de s'adresser directement au tribunal de commerce, ou au tribunal civil.

§ 4°. *Devant un tribunal de commerce.*

Si le vendeur est marchand patenté ou reconnu de l'espèce d'animaux dont il s'agit, il peut être appelé devant le tribunal de commerce (1).

---

(1) Les tribunaux de commerce ont pensé qu'il y avait une circonstance où le non-commerçant pouvait être leur justiciable; c'était dans le cas où ce non-commerçant se trouvait être garant d'un animal vendu par

Dans ce cas, les formalités à remplir par l'acheteur sont les mêmes que lorsqu'il veut

lui à un marchand qui avait acheté cet objet pour son commerce : ainsi ils ont cru qu'un propriétaire, qui avait vendu à un marchand de chevaux un cheval atteint de vice rédhibitoire, devenait leur justiciable *lorsque le marchand appelait le propriétaire son vendeur en garantie ;* ils se sont fondés sur l'article 181 du code de procédure civile ainsi conçu :

181. « Ceux qui seront assignés en garantie seront tenus de procéder devant le tribunal où la demande originaire sera pendante, encore qu'ils dénient être garants ; mais, s'il paraît, par écrit ou par l'évidence du fait, que la demande originaire n'a été formée que pour les traduire hors de leur tribunal, ils y seront renvoyés. »

Mais la cour royale de Paris a jugé que cet article ne regardait pas la compétence, en raison de la matière.

Le 10 mars 1836, Hervieu, habitant du Neubourg, vend un cheval à Legay, marchant du pays ; Legay revend le cheval à Rivière, marchand à Paris ; le 24 mars, nouvelle vente de Rivière à Breton ; le 2 avril, demande, en résolution de la vente, formée par Breton contre Rivière devant le tribunal de commerce de Paris.

Le 11 avril, Hervieu, appelé en garantie comme pre-

poursuivre le vendeur devant le juge de paix; seulement il forme sa demande introductive

---

mier vendeur, décline la compétence du tribunal de commerce.

Le 12 avril, le tribunal de commerce juge que le 2ᵉ paragraphe dudit article 181 ne peut être appliqué à Hervieu, qui ne justifie nullement de ses allégations, et le condamne à la garantie.

Appel d'Hervieu. — Le 7 mars 1837, arrêt infirmatif de la cour de Paris, 2ᵉ chambre; MM. Hardoin, pr., Delapalme, av. c. conf., Langlois, Lionville, av.

La cour, considérant que la vente par Hervieu, propriétaire, ne constituant point un acte de commerce, toutes les actions auxquelles ce marché peut donner lieu contre lui doivent être portées devant la juridiction ordinaire, que la disposition de l'article 181 du code de procédure civile ne saurait déroger au principe qui veut que nul ne soit distrait de ses juges naturels, ni à cette règle posée dans l'article 424 du même code, d'après laquelle les tribunaux de commerce doivent prononcer d'office le renvoi lorsque l'incompétence existe à raison de la matière, déclare nul et incompétemment rendu, etc. (Voir le *Journal de procédure civile et commerciale*, par M. Bioche; mars 1837.)

Le 10 décembre 1836, Denis, cultivateur à Tilleul

d'instance devant le tribunal de commerce compétent, au lieu de la former devant le juge de

---

(Eure), vend un cheval qu'il a élevé, à Isaac, marchand de son voisinage; Isaac revend le cheval à Baril, marchand de Paris, et ce dernier prétend l'avoir cédé à un tiers, le sieur Delarue.

Delarue se plaint de ce que l'animal est atteint de boiterie; il assigne Baril devant le tribunal de commerce de Paris; celui-ci appelle en garantie Isaac et Ernis, le cultivateur de Normandie; jugement qui condamne Ernis, et par corps, à la restitution du prix.

Appel. — Me Langlois, pour Ernis, invoque l'arrêt de la 2ᵉ chambre.

La cour, considérant qu'Ernis n'est pas commerçant; que la vente d'un cheval faite par Ernis à Isaac ne constitue pas un acte de commerce, mais un fait purement civil; que, dès lors, toutes les contestations auxquelles le fait peut donner lieu doivent être portées devant les juges ordinaires; — considérant que nul ne peut être distrait de ses juges naturels; — considérant que, si le défendeur en garantie est tenu de procéder devant le tribunal originaire, cette règle ne s'applique qu'au cas où la demande est de même nature et le tribunal compétent à raison de la matière, ce qui n'est pas dans l'espèce; — considérant que l'incompétence à raison de la matière est d'ordre public et peut toujours

paix. (Voyez précédemment, page 120, ce que c'est que la demande introductive d'instance, et dans quels délais elle doit être faite.)

Lorsque le procès-verbal de visite est dressé, l'acheteur se présente alors au tribunal le jour où il a fait assigner le vendeur à s'y trouver.

L'affaire est du ressort soit du tribunal du domicile du défendeur, soit de celui dans l'arrondissement duquel la promesse a été faite et la marchandise livrée, soit de celui dans l'arrondissement duquel le payement devait être effectué. (*Code de procédure civile*, § 420.)

Mais, quoique le vendeur soit justiciable du tribunal de commerce, l'acheteur ne doit pas oublier que *la demande de nomination d'expert doit être d'abord portée devant le tribunal de paix du lieu où se trouve l'animal* (loi du 20 mai

---

être invoquée en tout état de cause; — déclare nul le jugement comme incompétemment rendu, renvoie les parties à se pourvoir ainsi qu'elles aviseront devant les juges ordinaires; — condamne Isaac aux dépens. (*Journal de procédure civile et commerciale*, par M. Bioche, numéro de mai 1837.)

1838); que le vendeur, s'il est sur les lieux, a dû être appelé à la visite de l'animal, et que c'est surtout *dans le temps de la garantie* que ce vendeur a dû être assigné à comparaître au tribunal à l'audience la plus prochaine qui doit suivre la visite de l'expert. (Voyez page 120.)

Dans les lieux où il n'y a pas de tribunal de commerce, c'est au président du tribunal civil que la requête doit être présentée, parce qu'alors ce tribunal juge en matière de commerce.

Souvent le procès est fini par l'opinion que le vétérinaire émet lors de la visite de l'animal. L'expert doit même chercher à le faire terminer ainsi en arrangeant les parties; mais s'il n'a pu y parvenir, et s'il a été obligé de dresser son procès-verbal, le tribunal, sur le vu de ce procès-verbal, après avoir entendu les parties, prononce s'il y a ou s'il n'y a pas lieu à la rédhibition. Quelquefois il renvoie les parties par-devant un arbitre. Nous nous occuperons plus loin de ce nouvel incident. (Voyez chap. X.)

§ 5º. *Devant un tribunal civil.*

Si le vendeur n'est pas marchand de chevaux ou de bestiaux, il n'est pas justiciable du tribunal de commerce, et l'affaire est de la compétence du tribunal civil ; c'est donc devant ce tribunal qu'il faut faire la demande introductive d'instance (1).

---

(1) Des tribunaux ont jugé que l'affaire n'était plus de la compétence du tribunal de commerce, toutes les fois que l'acheteur lui-même n'était pas un marchand de chevaux ou de bestiaux qui aurait acheté l'animal pour le *revendre*. Ils se sont basés, dans cette décision, sur l'article 632 du code de commerce, qui dit : *La loi répute acte de commerce tout achat de denrées et marchandises* POUR LES REVENDRE *, soit en nature, soit après les avoir travaillées et mises en œuvre, ou même pour en louer simplement l'usage.*

D'après cet article, la cour royale de Metz, par arrêt du 19 avril 1823, adopta le principe qu'un marchand ne peut, même à l'occasion d'une vente par lui faite d'objets de son commerce, être appelé devant le tribunal de commerce par un non-commerçant.

Il s'agissait précisément, dans la contestation, d'un cheval vendu par un marchand de chevaux à un officier de cavalerie. Ce cheval étant attaqué d'un vice

Les formalités à remplir pour la visite du cheval par l'expert sont toujours les mêmes que pour les cas précédents ; l'action introductive d'instance, telle que nous venons de l'expliquer page 120, se fait devant le tribunal civil, au lieu de se faire devant le tribunal de commerce, voilà tout. C'est l'affaire de l'avoué.

---

rédhibitoire, l'acheteur assigna le marchand de chevaux devant le tribunal de commerce de Metz en restitution du prix payé. En appel, la compétence fut débattue et jugée ne devoir point être admise.

Le plus grand nombre des tribunaux ont adopté l'opinion contraire, et, malgré l'autorité de l'arrêt cité et les inductions que l'on peut tirer de la discussion de l'article 632 du code de commerce, on ne peut pas ne pas admettre que la vente d'un objet par un marchand patenté pour vendre cet objet ne soit un acte de son commerce, et qu'il ne soit justiciable, sous ce rapport, des tribunaux de commerce.

M. *Pardessus*, dans son *Cours de droit commercial*, a bien eu cette pensée lorsqu'il dit, tome IV, page 21 :
« Le fait (qui donne lieu à une contestation) peut n'ê-
» tre commercial que de la part de l'un sans l'être de
» la part de l'autre : ainsi, lorsqu'un non-commerçant
» a commandé quelque ouvrage à un ouvrier qui le

CHAPITRE X.

ARBITRES RAPPORTEURS.

Les tribunaux de commerce ne se contentent pas de s'en rapporter aux vétérinaires re-

---

» fait, ou par lui-même, ou par des ouvriers qu'il em-
» ploie, les demandes contre cet ouvrier de la part de
» celui envers qui il s'est engagé pour tout ce qui con-
» cerne les effets et l'exécution de cette convention
» doivent être portées au tribunal de commerce, et
» c'est en ce sens qu'il faut *rectifier* ce que nous avons
» dit tome Ier, n° 9. Cependant cet ouvrier ne peut,
» pour obtenir son payement ou pour toute autre de-
» mande principale de sa part, traduire le non-com-
» merçant au tribunal de commerce : — ainsi le non-
» commerçant qui a confié ses effets à un voiturier, à
» un commissionnaire de transports, à des préposés
» d'une entreprise de diligences, a le droit de les pour-
» suivre devant le tribunal de commerce, et ceux-ci,
» s'ils ont quelque action contre lui, ne peuvent le
» traduire qu'au tribunal civil. » Le *Journal du commerce* partage également l'opinion de M. *Pardessus* à cet égard. (*Journal du commerce* du 17 décembre 1823.)

lativement à l'existence d'un vice rédhibitoire; ils les nomment quelquefois *arbitres rapporteurs* dans les contestations qui s'élèvent entre les parties sur la manière dont s'est fait le marché, sur des clauses insolites que l'une d'elles prétend avoir existé, et que l'autre nie (1). Dans ce cas, les parties se sont présentées au tribunal; déjà elles ont voulu faire valoir leurs droits, et les juges, pour être éclairés à fond, les renvoient *par jugement* devant le vétérinaire qu'ils chargent de les entendre, d'examiner les pièces à l'appui de leurs prétentions, souvent d'entendre les témoins présentés par elles; enfin de les concilier, s'il est possible, sinon de faire un rapport sur le sujet de la contestation et d'émettre son opinion : le vétérinaire est alors un *arbitre rapporteur*.

Dans un cas pareil, la situation du vétérinaire est un peu changée; elle devient plus importante, ses devoirs sont plus compliqués : au lieu d'un simple procès-verbal, il doit rédiger

---

(1) Les tribunaux civils ne suivent pas cette marche.

un rapport détaillé, circonstancié sur tout ce qui s'est passé, de manière que les juges puissent être éclairés à fond sur l'objet de la contestation : il doit relater toutes les circonstances qui militent en faveur soit de la demande, soit de la défense, et il en déduit ensuite ses conclusions. S'il est moralement sûr d'un fait et que les preuves lui manquent, il expose son opinion en disant que les preuves lui manquent, et il laisse à la sagesse des juges à infirmer ou à confirmer sa manière de voir.

J'ai joint, chap. XIII, § 7, 8, 9, 10, quelques rapports faits comme *arbitre rapporteur*; ils mettront plus au fait qu'une longue dissertation le vétérinaire appelé à remplir un pareil devoir.

CHAPITRE XI.

DE QUELQUES DEVOIRS DU VÉTÉRINAIRE CHOISI OU POUR ARBITRE, OU POUR EXPERT, OU POUR ARBITRE RAPPORTEUR.

§ 1er. Le vétérinaire qui a besoin de consulter dans une expertise ne doit pas craindre de demander un autre expert pour donner son opinion conjointement avec lui; il n'y a jamais de déshonneur à chercher à s'éclairer par une discussion.

§ 2. Le vétérinaire peut être appelé comme expert avec d'autres personnes non vétérinaires, même avec de simples maréchaux. Dans ce cas, il ne doit pas refuser de faire l'expertise pour cause d'ignorance de la part des autres experts, ce serait faire une injure gratuite à ces personnes et aux juges qui les ont nommées.

S'il a des raisons particulières pour ne pas accepter l'expertise, il devra motiver son refus.

§ 3. Si après l'expertise il se trouve d'une opinion différente de celle de l'autre expert ou des autres experts, il émet son opinion à la suite du procès-verbal en la motivant et la signant; le tribunal en reste juge.

§ 4. Comme les experts et arbitres ont pour but d'éclairer les juges par leurs procès-verbaux et rapports, ils ne sont pas tenus de se servir seulement de mots scientifiques, et s'il existe des mots vulgaires bien connus qui expriment les lésions, les signes maladifs qu'ils veulent désigner, ils peuvent s'en servir ; ils instruisent mieux que par des termes qu'il n'est donné qu'à quelques personnes de comprendre ; il est bon cependant de joindre les mots scientifiques entre parenthèses. S'il n'y en a pas d'autres pour exprimer l'objet, il faut les traduire autant que possible, afin d'éviter aux juges des recherches et de nouvelles explications : par exemple, au lieu de se servir des termes de *gastrite*, de *métrite*, le vétérinaire fera bien de se servir des expressions *inflammation de l'estomac, inflammation de la matrice,* etc.

§ 5. Lors de la visite des animaux, l'expert doit prendre garde aux circonstances dans lesquelles les animaux se trouvent placés : il est de ceux-ci sur lesquels le changement de localité produit des impressions qui agissent assez fortement pour les rendre momentanément inquiets, et, jusqu'à un certain point, malades.

Ce qui arrive le plus ordinairement, c'est que la présence du vendeur ou de l'acheteur produit sur l'animal, s'il en a éprouvé de mauvais traitements, une impression de crainte qui empêche de faire l'examen d'une manière satisfaisante. L'expert devra, en conséquence, s'efforcer de mettre l'animal dans la sécurité la plus entière en éloignant tout ce qui peut l'inquiéter. La crainte est un moyen qu'un vendeur ou un acheteur de mauvaise foi emploie quelquefois pour faire changer momentanément le rhythme ordinaire des fonctions, surtout celui de la respiration, ou pour donner de la vivacité à un animal qu'une maladie ferait paraître triste et abattu.

§ 6. On ne saurait trop, lorsqu'on fait faire l'ouverture des cadavres, mettre par écrit et à mesure tout ce qui se présente; la mémoire peut se trouver en défaut. Comme les conséquences à tirer de l'ensemble de lésions ne se présentent pas toujours clairement au premier instant, et comme alors on a besoin de méditer sur ce qu'on a observé, il ne faut omettre rien de ce qui pourrait paraître d'abord peu important, parce que, plus tard, cet objet pourra, en coïncidant avec d'autres lésions, éclaircir des doutes.

On prendra garde d'attribuer à toute autre cause des désordres qui auraient été produits par le scalpel ou le couteau et qui seraient le résultat de l'ouverture.

On prendra garde surtout de confondre les désordres résultant de la mort avec ceux qui résultent de l'accident ou de la maladie qui a occasionné la mort. Sous ce rapport, il sera important de s'informer si le cadavre a été remué ou transporté, et sur quel côté le corps est resté jusqu'à l'ouverture.

§ 7. Des vétérinaires, en rédigeant leurs procès-verbaux, se contentent d'énoncer que l'animal a tel vice rédhibitoire; ou, si l'animal est mort, d'énoncer qu'il est mort du vice rédhibitoire. Cela ne suffit pas, il faut qu'ils décrivent ou les symptômes qu'ils ont observés sur l'animal accusé d'un vice rédhibitoire, ou les lésions qui leur ont fait penser que l'animal était mort de telle ou telle affection.

Des procès-verbaux ont été argués de nullité pour n'avoir pas donné des détails suffisants. Des tribunaux m'ont plusieurs fois consulté pour savoir si l'opinion de l'expert était bien déduite des symptômes ou des lésions qu'il avait décrits.

§ 8. Des experts croient qu'ils sont obligés de prononcer de suite leur jugement; les parties le demandent quelquefois; rien ne les y oblige, et ils peuvent remettre à prononcer au lendemain et même à quelques jours, s'ils ont besoin de faire des recherches.

§ 9. L'acquéreur d'un animal nouvellement acheté, s'apercevant que la bête est malade, fait sa demande introductive d'instance et présente une requête au juge de paix pour le prier de nommer un vétérinaire à l'effet de constater l'existence du vice rédhibitoire : l'ordonnance nomme le vétérinaire qui doit faire cette expertise; mais, dans l'intervalle, l'animal meurt, et le vétérinaire se trouve sans titre spécial pour en faire l'ouverture : il doit en faire l'observation à l'acquéreur, et l'engager à demander promptement l'autorisation nécessaire; le juge de paix ajoute cette autorisation à l'ancienne ordonnance, ou en rend une seconde à cet effet.

§ 10. S'il n'y avait pas lieu d'espérer que le cadavre pût se conserver assez de temps pour que cette autorisation fût ratifiée avant le commencement de la putréfaction, le vétérinaire pourrait toujours procéder à l'ouverture en vertu de la première ordonnance; il ajouterait à son procès-verbal la *raison d'urgence*, qui forçait d'ouvrir promptement le cadavre pour avoir la possibilité de reconnaître les causes de la mort.

§ 11. Si, dans un procès-verbal ou un rapport, l'expert ne doit rien omettre de ce qui peut contribuer à établir les faits et à baser son opinion, il doit éviter également de le charger de tous les détails étrangers qui ne vont pas au but, surtout d'entrer dans des théories scientifiques. Il doit savoir que celle la plus en vogue, la plus probable au moment où il écrit, est quelquefois renversée avec la plus grande facilité : il ne doit émettre que ce que la science a de positif.

§ 12. Il ne doit même entrer dans aucune discussion devant les parties; quelquefois elles amènent avec elles des personnes demi-savantes, savantes même, qui cherchent à sonder l'expert, à l'induire même en erreur en lui faisant émettre des principes, des axiomes favorables à la cause qu'elles défendent : il sera sur ses gardes, et il ne prononcera que quand son opinion sera parfaitement établie : nous avons déjà dit qu'il n'était point obligé de le faire de suite.

§ 13. S'il ne doit pas se laisser entraîner à des discussions avec les parties, il doit écouter leurs dires, leurs explications, et il se trouvera souvent aussi éclairé par ce moyen que par son propre examen : dans la chaleur de la contestation, il échappe des vérités qui n'auraient point été émises sans elle ; c'est surtout lorsque le vétérinaire est arbitre rapporteur qu'il est important d'user de cette méthode.

§ 14. Une précaution est toujours à prendre, c'est d'empêcher, autant que possible, que la discussion ne tourne en dispute : par son caractère d'arbitre, et en s'y prenant convenablement, il peut rappeler à la décence les personnes qui s'en écartent ; les injures n'éclaircissent jamais une affaire, elles la gâtent souvent, et l'arbitre ne doit pas oublier que son premier devoir est de concilier les parties, s'il lui est possible.

§ 15. Que l'arbitre évite surtout, de laisser pénétrer son opinion : quelque bien fondés que puissent être ses motifs de croire à la mauvaise foi d'une des parties, il doit les cacher, sinon il s'ôterait tout moyen de terminer l'affaire par une conciliation.

§ 16. Il y a des personnes grossières, ou d'un caractère emporté, qui ne savent point ménager leurs expressions, qui ont toujours l'injure à la bouche et qui ne l'épargnent point à l'expert aussitôt qu'elles croient apercevoir qu'il est contraire à leur cause. Jamais l'expert ne doit répondre, il doit même prendre garde à ce que ces injures ne le choquent et n'influent sur son jugement. Si des injures ou des accusations calomnieuses font plaisir à la méchanceté, l'expert doit mépriser de pareilles armes et se rappeler qu'il est l'homme des bons contre les méchants : les premiers lui rendront justice; voilà tout ce qu'il doit ambitionner.

CHAPITRE XII.

DE QUELQUES POINTS DE JURISPRUDENCE VÉTÉRINAIRE COMMERCIALE.

§ 1er. D'après le texte de l'arrêt de la cour de cassation du 18 mars 1833, relaté ci-devant page 120, il faut que l'action en résiliation soit intentée dans le délai de la garantie par une assignation au vendeur de comparaître à tel jour à l'audience du tribunal compétent, pour s'y voir condamné à reprendre l'animal pour cause de vice rédhibitoire.

Il y a des cas cependant où l'équité serait tellement blessée par l'application rigoureuse de la jurisprudence motivée par l'arrêt de la cour de cassation, que les tribunaux, le tribunal de commerce de Paris, entre autres, se sont vus dans la nécessité de ne point s'y arrêter ; j'en citerai un exemple où certainement il y a eu *bien-jugé suivant l'équité.*

M. Picard avait vendu, au marché aux chevaux de Paris, le 2 février 1834, un cheval à M. le marquis d'Anjoran; l'acheteur avait amené le cheval à sa campagne. Le 11 février, assez tard dans la journée, l'acheteur s'aperçut que l'animal avait une attaque d'épilepsie. C'était la première fois qu'un pareil accident se manifestait depuis le jour de la vente.

M. le marquis d'Anjoran, ne pouvant faire signifier la demande introductive d'instance dans le délai légal, se rendit, avec les personnes qui avaient vu l'attaque d'épilepsie, chez le maire de la commune, et fit dresser procès-verbal de leur déclaration. Assignation en résiliation fut ensuite et aussitôt lancée contre M. Picard devant le tribunal de commerce de la Seine. Le tribunal, malgré la fin de non-recevoir avancée par le défenseur, en raison de ce que la signification de la demande introductive d'instance n'avait pas été faite dans le temps de la garantie, accueillit la demande (1).

---

(1) Le tribunal de commerce de Versailles a aussi accueilli une demande dans une circonstance encore plus remarquable.

Le sieur Bronchot avait vendu deux chevaux au sieur Remy; dix-sept jours après la vente, l'action rédhibitoire fut intentée pour cause de l'affection connue sous le nom de *morve*. Un premier jugement, en date du 5 avril 1834, fut rendu; un second fut rendu après l'abatage des chevaux ordonné par mesure de police municipale,

« Attendu que, des procès-verbaux dressés par les vétérinaires experts légalement requis, il résulte que les chevaux sont atteints de morve et de farcin, mala-

§ 2. Il est une erreur dans laquelle tombent quelquefois les acquéreurs d'animaux qui ne connaissent pas les lois, c'est de faire constater le vice rédhibitoire par un expert de leur choix;

dies contagieuses, dont le germe existait antérieurement au 5 mars, époque de la vente;

» Attendu que si, d'après les dispositions de l'article 1648 du code civil, l'acheteur doit se pourvoir contre son vendeur dans un bref délai, limité à neuf jours; ce même article dit aussi, suivant la nature des vices rédhibitoires et l'usage du lieu où la vente a été faite, que par la première phrase, *suivant la nature des vices rédhibitoires*; il est évident que le législateur a voulu, pour quelques cas particuliers et certaines maladies, laisser décider à la prudence des juges s'il ne conviendrait pas de donner une plus grande extension au délai sus-énoncé;

» Attendu que ces chevaux étaient en traitement chez un vétérinaire à Paris..., du domicile duquel les chevaux sont sortis pour être vendus; que les experts ont tous constaté qu'il existait des traces qui indiquaient qu'ils venaient d'être traités très-récemment des maladies désignées;

» Attendu que ces maladies sont contagieuses et que la vente des chevaux est formellement interdite sous peines sévères et prévues par les articles 459, 460 et

cet expert doit, suivant la loi, être nommé par le juge de paix : si l'urgence ne permettait pas d'avoir recours à ce magistrat, il faudrait, au

461 du code pénal; qu'il est ordonné de les faire abattre, et qu'ils ne peuvent être comparés aux autres chevaux atteints d'autres vices rédhibitoires ;

» Attendu qu'il est constant que les maladies existaient avant la vente ; que le vendeur en avait connaissance, etc. : par ces motifs, le tribunal déboute Brouchot de son opposition au jugement rendu le 1 avril présent mois, ordonne que le jugement sera exécuté et que le vendeur doit au sieur Remy, acquéreur, une indemnité pour les pertes résultant pour lui de l'interruption de son travail et les dépenses occasionnées par le séjour des chevaux dans les écuries et les frais de jugement, etc., etc.

Ainsi jugé, le 12 avril 1834.

LISSAJOUS, *président*.

Appel de ce jugement a été fait à la cour royale de Paris, première chambre, qui, adoptant les motifs des premiers juges, a, le 4 août suivant, confirmé les jugements rendus à Versailles.

Je ne sais pas si, d'après la loi nouvelle, les tribunaux jugeraient maintenant d'une autre manière; s'ils jugeaient autrement dans un cas pareil, il n'y a pas de doute que l'équité serait blessée.

moins, avoir recours au maire de la commune. Le procès-verbal dressé par un vétérinaire requis seulement par l'acquéreur peut être frappé de nullité comme pouvant être un acte de complaisance.

§ 3. Si plusieurs animaux sont vendus *individuellement*, mais pour un prix collectif, sans qu'il y ait eu de prix particulier fixé pour chacun, et que l'un soit attaqué de vices rédhibitoires, la nullité du marché a lieu pour tous. Cette clause n'est applicable qu'aux animaux qu'on vend ordinairement séparément, tels que chevaux et bœufs ; elle ne peut l'être à ceux qu'on vend en troupe, comme les moutons.

§ 4. Si plusieurs animaux sont vendus ensemble, mais d'après un prix particulier pour chacun, et que l'un deux soit affecté d'un vice rédhibitoire, la nullité du marché n'a lieu que pour celui affecté du vice.

§ 5. Si de plusieurs animaux assortis, comme des *chevaux d'un attelage* par exemple, l'un se trouve avoir des défauts suffisants pour donner lieu à l'action rédhibitoire, cette action ne peut être exercée que pour tous, *même quand les ani-*

maux auraient été estimés à prix séparé, parce que leur réunion par paires ou en attelages d'animaux assortis change toute leur valeur individuel intrinsèque, pour leur en donner une relative, et parce que, par cette raison, il est de l'intérêt de l'acheteur, souvent même de celui du vendeur, de ne pas séparer ces sortes de choses.

Ceci s'applique aussi bien à une paire de bœufs de travail qu'à un attelage de deux ou de quatre chevaux.

On devine combien serait gênée une personne qui aurait acheté un attelage de chevaux de 3,000 francs, si l'un des chevaux était atteint d'un vice rédhibitoire, et que le marchand, pour se venger, ne voulût reprendre que celui-là. Les deux chevaux appareillés formaient bien un attelage de la valeur de 3,000 francs; mais, séparés, ils ne valent peut-être que 1,000 francs chacun. Dans ce cas, la personne, pour avoir un autre attelage, serait donc obligée de chercher pendant longtemps un cheval pareil sans pouvoir se servir de celui qui lui resterait, ou elle serait obligée de le revendre en perdant considérablement sur le prix, puisque, pour que le marchand qui l'achèterait pût avoir un bénéfice, il faudrait qu'il l'achetât encore au-dessous de sa valeur de 1,000 francs pour le particulier.

§ 6. La garantie a lieu non-seulement à l'égard de la chose qui fait le principal objet de la vente, mais aussi à l'égard de celles qui sont comprises dans le contrat de vente comme choses accessoires, pourvu qu'elles y soient spécialement comprises et non sous une universalité.

Suivant ces principes, si l'on a vendu pour un prix trois chevaux dont deux très-bons et un moindre, et que le moindre soit affecté de vices rédhibitoires, il y a lieu à la résiliation du marché.

Mais si l'on a vendu une, deux ou trois belles génisses, plus un lot de plusieurs autres génisses moins bonnes, il n'y a plus lieu à la rédhibition si, dans les bêtes composant le lot, il y en a une ou même plusieurs, affectées de vices rédhibitoires, parce que ces bêtes ne sont pas comprises spécialement dans le marché, mais collectivement ou sous une universalité.

Ce principe serait applicable au commerce des chevaux, dans le cas où l'on viendrait à les vendre par lots.

§ 7. Dans le commerce des animaux, le vendeur est toujours dans le cas prévu par l'article 1645 du code civil (1), c'est-à-dire censé connaître le vice des animaux qu'il a vendus, et il ne peut pas s'excuser sur son ignorance, parce qu'il ne doit mettre en vente que des marchandises qui ne peuvent pas occasionner des pertes à l'acheteur ; ou, s'il n'est pas capable de juger l'état des animaux, il faut qu'il les fasse visiter par un vétérinaire : cette précaution est d'autant plus obligatoire, relativement aux animaux, que celui affecté d'une maladie contagieuse peut compromettre non-seulement la fortune d'un particulier, mais encore celle d'une commune :
c'est pour obliger les vendeurs de bestiaux à

---

(1) Art. 1645. *Si le vendeur connaissait les vices de la chose, il est tenu, outre la restitution du prix qu'il en a reçu, de tous les dommages et intérêts envers l'acheteur.*

prendre cette précaution que l'article 7 de l'arrêt du conseil d'état du roi du 16 juillet 1784 (1) a été rédigé.

Ainsi un marchand qui a vendu des moutons affectés du claveau se trouve responsable non-seulement de ceux qu'il a vendus, mais encore de tous les autres auxquels la contagion a été communiquée.

Dans ce cas, il faut distinguer les dommages immédiats et médiats de la lésion produite à l'acquéreur; le vendeur n'est tenu que des premiers.

---

(1) « Fait Sa Majesté défenses, sous les mêmes peines (500 livres d'amende), à tous marchands de chevaux et autres, de détourner, sous quelque prétexte que ce soit, vendre ou exposer en vente, dans les foires et marchés et partout ailleurs, des chevaux et bestiaux atteints ou suspectés de morve ou de maladies contagieuses, et aux hôteliers, cabaretiers, laboureurs et autres, de recevoir dans leurs écuries ou étables ordinaires, aucuns chevaux ou animaux soupçonnés de semblables maladies, auquel cas ils seront tenus d'en faire aussitôt la déclaration ci-dessus prescrite. »

Le marchand de bestiaux n'est censé dans le cas de l'article 1646 du code civil (1) que quand il a revendu les animaux presque aussitôt après les avoir achetés, sans avoir eu le temps de les bien examiner; mais alors il a son recours contre la personne qui les lui a vendus, et c'est ce premier vendeur qui se trouve responsable des dommages-intérêts.

§ 8. Dans le cas de garantie conventionnelle (voyez chap. V, page 33), la durée de la garantie conventionnelle doit être écrite; sinon, et s'il y a contestation entre les parties à cet égard, cette durée ne serait, peut être, que du terme le plus court fixé par la loi, ou de neuf jours.

§ 9. Si le vendeur garantit l'animal sain et net, la rédhibition a lieu pour tous les défauts nuisibles antérieurs à la vente, comme pour ceux spécifiés dans la loi; mais il faut que cette clause soit écrite, car, en termes verbaux de

---

(1) Art. 1646. *Si le vendeur ignorait les vices de la chose, il ne sera tenu qu'à la restitution du prix et à rembourser les frais occasionnés par la vente.*

marchands de chevaux et de bestiaux; *sains et nets* signifient seulement *exempts de vices rédhibitoires*.

Quand le vendeur ne veut pas garantir certains vices rédhibitoires, il doit avoir la précaution de stipuler, par écrit approuvé par son acquéreur, quels sont les vices qu'il n'entend pas garantir, car autrement il serait à la merci de ce dernier, qui pourrait, contrairement à la convention, invoquer le principe de la garantie de droit.

§ 10. Dans le contrat de vente, code civil, article 1602:

Le vendeur est tenu d'expliquer clairement ce à quoi il s'oblige.

Tout pacte obscur et ambigu s'interprète contre le vendeur.

Si un marchand ou tout autre particulier vend des animaux avec la garantie légale sans clause particulière, il n'a aucune précaution à prendre; mais si, dans le marché, il y a quelques conditions insolites, c'est à lui à prendre ses sûretés, puisque la loi est en faveur de l'acheteur: il doit donc non-seulement exiger que ces conditions soient écrites, puisque nous avons déjà vu qu'il devait être passé acte de toutes choses excédant une valeur de 150 fr., mais encore l'écrit doit être rédigé de manière qu'il ne puisse y avoir aucune incertitude sur les clauses du marché; sans cela, elles s'expliqueraient à son désavantage. L'article 1602 ci-dessus est on ne peut pas plus clair à cet égard.

§ 11. Dans le cas d'échange d'un animal contre un autre, sans qu'il y ait eu d'argent donné en retour par une des parties, il n'y a pas lieu à rédhibition, parce que l'échange n'est pas une vente.

Dans le cas de maladie contagieuse, il y a exception à cette loi; et la rédhibition est toujours de droit, par les causes que j'ai déjà indiquées (chapitre VII).

Toutes les fois qu'il y a de l'argent donné en retour par l'une ou l'autre partie, on ne doit plus considérer l'acte comme un échange, mais bien comme une vente, et alors il y a l'action en garantie pour les deux parties lorsqu'il existe un vice rédhibitoire.

§ 12. Les *chevaux* sont quelquefois vendus

au-dessous de 50 fr. ; l'acquéreur doit bien présumer qu'on ne les lui donnerait pas pour ce prix s'ils n'avaient pas des défauts extrêmement préjudiciables : il doit donc être naturellement sur ses gardes. Le tribunal de commerce de Paris, pour éviter les discussions qui pourraient s'élever à ce sujet, est dans l'usage de ne plus admettre de garantie quand le prix pour ces animaux ne s'élève pas à 50 francs.

La morve et le farcin seuls, comme maladies contagieuses, donnent toujours lieu à la garantie (voyez chapitre VII).

§ 13. A dater de l'instant de la demande en garantie, l'animal ne doit plus travailler, et, si son état exige qu'il lui soit donné de l'exercice, cet exercice doit être dirigé de manière qu'on ne puisse pas dire que c'est un travail. En effet, dès l'instant de la demande, l'animal n'appartient plus à aucune des parties, et, si l'acquéreur s'en sert, il fait un acte de propriété qui peut nuire à sa demande en garantie : aussi, dans ce cas, beaucoup d'acheteurs mettent-ils l'animal en fourrière.

Il peut y avoir cependant une exception à

cette règle, dans l'intérêt même du vendeur, quand un travail ordinaire ne peut nuire. Par exemple, une personne part pour un voyage avec un cheval de cabriolet qu'elle vient d'acheter : elle s'aperçoit, en route, que l'animal est corneur ; elle fait sa demande en résiliation dans le temps de la garantie et trouve le moyen de renvoyer le cheval dans un attelage. Dans cette circonstance, où un travail modéré est souvent plus utile que le repos, où il évite des frais de nourriture, des frais de conduite, il serait peut-être injuste de ne pas admettre la rédhibition sous ce prétexte ; mais alors les frais dont nous venons de parler ne doivent pas être dus par le vendeur.

§ 14. Dans tous les cas, l'animal doit être rendu dans le même état où il a été livré : s'il avait éprouvé une dépréciation, l'acquéreur en devrait compte au vendeur, à moins qu'elle ne fût arrivée par suite du vice rédhibitoire.

Ou cette indemnité se règle à l'amiable par l'expert nommé par le tribunal ; ou elle se règle par un expert désigné par une nouvelle ordonnance du tribunal sur la demande d'une des parties; où enfin l'acquéreur garde chez lui l'animal pour le remettre, à ses frais, dans l'état où il l'a reçu : le mieux est le premier moyen.

§ 15. Si l'acquéreur a fait subir une mutilation à l'animal, par exemple, s'il lui a coupé les oreilles ou la queue, il a fait un acte de propriété définitive, qui a annulé le recours en garantie. S'il n'a que raccourci un peu les crins de la queue, suivant la jurisprudence du tribunal de commerce de Paris, il doit une indemnité légère. S'il a *fait les crins*, suivant la jurisprudence du même tribunal, il ne doit rien, par le précepte que *ce qui améliore ne vicie pas*.

§ 16. Les frais de fourrière et de nourriture datent du jour de la demande réelle en garantie : l'acquéreur est censé s'être servi de l'animal jusqu'à ce moment.

§ 17. Si la livraison de l'animal vendu n'a pas suivi immédiatement la vente, le temps de la garantie ne commence qu'à l'instant de la livraison.

§ 18. Il est un moyen que des marchands ont employé pour prolonger le temps de la garantie, ou seulement pour faire croire à leur vendeur qu'ils n'avaient pas laissé écouler ce temps. Il suffira d'une jurisprudence bien simple pour empêcher l'emploi de ce moyen.

Ces marchands ont supposé avoir vendu leurs chevaux à d'autres marchands habitant une ville à une quarantaine ou à une cinquantaine de lieues (20 ou 25 myriamètres); il leur suffisait alors d'écrire à ceux-ci, de présenter une requête au juge de paix de leur domicile, et de faire partir aussitôt le cheval pour le domicile de cet acheteur, véritable compère.

Les tribunaux, en consultant l'esprit de la loi, qui n'a certainement donné une prolongation de garantie d'un jour par 5 myriamètres qu'afin que l'acheteur pût faire sa demande introductive d'instance dans un délai possible avec la jouissance pleine et entière des neuf jours de garantie, *et non pour prolonger cette durée de garantie*, pourront, pour empêcher cette manière d'éluder la loi, exiger que la requête au juge de paix soit faite dans les neuf jours de garantie, et surtout que l'ordonnance du juge de paix soit rendue le dernier jour ou, au moins, le lendemain, au plus tard, de l'expiration de la garantie.

§ 19. Nous avons déjà dit (§ 1er) qu'il était des cas où les tribunaux n'exigeaient pas que la demande introductive d'instance fût faite dans les jours de garantie, parce qu'il était positif que, si l'on ne s'apercevait du vice rédhibitoire que le dernier jour, il était fort difficile de signifier légalement, le même jour, cette demande introductive d'instance ; le tribunal de commerce de Versailles et la cour royale de Paris viennent encore de sanctionner cette jurisprudence dans une autre circonstance ; on remarquera que, dans cette dernière circonstance, la constatation du vice rédhibitoire avait été faite dans le délai de la garantie légale.

Cour royale de Paris, première chambre, présidence de M. Séguier, audience du 22 février 1839.

M. le vicomte D*** a acheté, le 5 décembre dernier, à Villeneuve-l'Étang, où il demeure, du sieur Dufonteny, marchand de chevaux, à Paris, deux chevaux d'attelage, dont un se trouvait être atteint de la pousse. M. D*** présenta, le 13 décembre, à M. le juge de paix du canton de Sèvres, une requête à l'effet de nommer un expert pour visiter le cheval poussif. Par suite, une première expertise eut lieu, et constata l'existence de la pousse chez un des deux chevaux vendus. En conséquence, et à la date du 26 décembre 1838, M. D*** assigna le sieur Dufonteny devant le tribunal du commerce de Versailles en résolution de la vente, et en restitution du prix.

Après une nouvelle expertise, qui eut le même résultat que la première, le tribunal rendit, le 12 janvier 1839, un jugement par défaut ainsi conçu :

« Vu le rapport des experts vétérinaires nommés par le tribunal à l'effet de constater l'état du cheval que le demandeur a déclaré être atteint du vice rédhibitoire dit *la pousse*;

» Attendu que de ce rapport il résulte que l'un des chevaux vendus par le sieur Dufonteny au vicomte D*** est atteint de la pousse; que les symptômes observés par les experts indiquent une lésion ancienne des organes de la respiration, et qu'il n'a été remarqué aucun symptôme de lésion récente ;

» Attendu que le vice signalé par le rapport des experts est une cause de résolution de la vente, vu l'art. 1er de la loi du 20 mai 1838 ;

» Attendu que le cheval dont s'agit faisait partie d'un attelage de deux chevaux achetés par le demandeur, pour son carrosse, moyennant 1,600 fr. payés comptant au sieur Dufonteny, vendeur ;

» Attendu que le sieur D*** n'aurait pas acheté celui des deux chevaux qui est sain sans l'autre, ou qu'il n'en aurait donné qu'un moindre prix s'il l'eût acheté seul ;

» Vu l'art. 1641 du code civil,

» Le tribunal donne défaut contre le sieur Dufonteny, et pour le profit déclare nulle et résolue la vente par lui faite audit sieur vicomte D*** des deux chevaux dont s'agit ; condamne ledit sieur Dufonteny à restituer la somme de 1,600 fr., montant du prix ; à quoi faire ledit sieur Dufonteny sera contraint par toutes les voies de droit et même par corps ; ordonne l'exécution provisoire du jugement. »

Le sieur Dufonteny a formé opposition à ce jugement, mais il en a été débouté purement et simplement, par un autre jugement du 20 janvier 1839, dont voici les motifs :

« Attendu que la vente des chevaux qui font l'objet de la contestation a été faite le 5 décembre;

» Que le sieur D*** a obtenu, le 13 du même mois, c'est-à-dire dans le délai voulu par la loi du 20 mai 1838, la nomination d'un expert, à l'effet de constater l'état de l'animal atteint du vice rédhibitoire ;

» Qu'ainsi la demande en résolution formée par le sieur D*** contre le sieur Dufonteny était valablement formée. »

La cour, sur les conclusions de M. Montsarrat, avocat général, a rendu l'arrêt suivant :

« La cour,

» Considérant que Dufonteny est marchand de chevaux ;

» Que l'action dirigée contre lui était pour un fait de son commerce ;

» Que, par conséquent, le tribunal de commerce était compétent ;

» Considérant que l'action rédhibitoire a été intentée dans les délais prescrits par les articles 3 et 5 de la loi du 20 mai 1838 ;

» Adoptant, au surplus, les motifs des premiers juges ;

» Confirme. »

(*Le Droit*, 23 février 1839.)

CHAPITRE XIII.

UNE DÉROGATION A LA LOI DU 20 MAI 1838.

Des bœufs sont amenés de fort loin pour la consommation des grandes villes ; les frais de route sont d'autant moins considérables que les animaux mettent moins de temps à faire le chemin, et pour arriver à cette économie les marchands leur font faire des étapes très-longues qui les harassent.

Cette fatigue des bœufs engraissés est même avantageuse dans certains cas au marchand, par la raison qu'elle facilite la vente *en rendant les maniements plus apparents*, c'est-à-dire en donnant plus d'apparence, plus de saillie aux signes qui indiquent le poids et la qualité de l'animal.

Mais, chez quelques animaux, il résulte de ces fatigues extraordinaires des inflammations gangréneuses, charbonneuses, qui les enlèvent en fort peu de temps, dont les signes se confondent avec les signes de la fatigue et qui n'apparaissent par des tumeurs extérieures quelquefois qu'après la vente faite au boucher, quelquefois même qu'après l'abatage à l'ouverture du corps par des tumeurs ou des épanchements intérieurs, ou enfin qu'après une mort rapide qui prévient l'abatage.

On ne sera pas étonné de l'apparition de ces maladies quand on pense au sort auquel sont soumis ces animaux qui, *d'une* position tranquille dans des étables ou dans des pâturages où leur nourriture est abondante et bonne, et le repos continuel, passent tout à coup entre les mains des marchands forains qui les conduisent à marches forcées, sous l'influence des plus mauvais traitements, et d'une nourriture toute différente souvent de celle qu'ils recevaient.

Voici le grave inconvénient de cet état de choses.

Le charbon n'étant plus au nombre des vices

rédhibitoires, les bouchers n'auraient plus de recours contre les marchands, et, pour ne pas perdre sur le prix de l'animal, ils n'auraient d'autre moyen que de le faire consommer; et c'est ce qui arriverait *malheureusement trop souvent*, attendu que, l'absence de la garantie déterminant un *plus grand surmenage des bestiaux par les marchands forains*, les cas de mort par le charbon se multiplieraient. Or l'on sait que, s'il y a des sortes de viandes dont on doive interdire la consommation, c'est surtout celle des animaux attaqués du charbon.

Objectera-t-on que dans les abattoirs de Paris, où les étables des bouchers sont comprises dans l'enceinte placée sous la surveillance d'*inspecteurs de police*, cet accident serait difficile? on se tromperait : il pourrait avoir lieu, parce qu'aussitôt *qu'une enflure de mauvaise nature, ou une fièvre de mauvais caractère* apparaîtrait sur un bœuf, le boucher se hâterait de le tuer et de le dépecer, en faisant disparaître les parties qui pourraient indiquer quelques traces de la maladie. D'ailleurs *les inspecteurs de police* ne sont pas aptes à juger de la qualité des viandes ; ils ne surveillent point et ne peuvent surveiller l'abatage ; pour avoir connaissance de la maladie d'un animal, il faudrait que le boucher les en prévînt, et celui-ci serait trop intéressé à ne pas lui révéler le fait. C'est ce qui a eu lieu, il y a quelques mois, à la suite d'un jugement rendu par le tribunal de Versailles en faveur du vendeur : plusieurs bœufs et vaches *morts* ont été livrés à la consommation parce que les *bouchers ont craint d'en perdre le prix.*

Dans les campagnes des environs, où une surveillance sur les abattoirs particuliers n'est point exercée, il pourrait se consommer plus souvent encore de ces sortes de viandes. Peut-être n'y a-t-il pas autant de danger dans leur consommation qu'on est enclin à le supposer, mais il peut y en avoir cependant : elle est donc défendue, et c'est un mal de ne pouvoir empêcher de la vendre, sans parler de l'inconvénient qu'il y a toujours à mettre forcément l'intérêt pécuniaire en opposition avec les règlements d'administration.

Sous la jurisprudence commerciale que l'article 1641 du code civil avait créée, l'inconvénient dont nous venons de parler n'existait point; les bouchers qui avaient gagné des procès contre les marchands de bœufs, dans le cas dont il s'agit, n'avaient pas intérêt à se mettre en contravention avec les ordonnances administratives sur le débit de la viande de boucherie. Quand, *le lendemain* de l'achat d'un bœuf, ils s'apercevaient de l'apparition d'une tumeur ou d'une maladie de nature charbonneuse, ou si le bœuf venait à mourir d'une maladie de ce genre, ils pouvaient se mettre en mesure de faire résilier le marché, et le concours des tribunaux ne leur manquait pas ; il ne pouvait y avoir doute pour aucun expert vétérinaire que la maladie ne fût la suite des fatigues de la route, et sa cause antérieure, par conséquent, à la vente et du fait du marchand forain.

D'ailleurs, quand la mort du bœuf arrivait avant son abatage, les règlements anciens de la boucherie mettaient l'animal à la charge du marchand, parce que ces règlements défendaient de mettre en vente la viande d'un animal mort de maladie inconnue.

Dans cet ordre de choses, aucune viande d'animal mort du charbon, ou seulement dans des cas exceptionnels très-rares, n'était livrée à la consommation; l'intérêt des bouchers, des bons bouchers au moins, était en accord avec l'intérêt général; il n'en aurait pas été de même si la loi du 20 mai 1838, qui n'a point prévu l'inconvénient dont il s'agit, avait été obligatoire sans exception.

Heureusement, à la chambre des députés, dans la commission chargée d'examiner le projet de loi, l'inconvénient dont nous venons de parler a été signalé, et le commissaire du gouvernement a déclaré que non-seulement *la loi n'abrogeait pas les règlements particuliers locaux relatifs au commerce de la boucherie*, mais encore que *les animaux vendus comme bêtes de boucherie n'étaient pas considérés comme animaux domestiques*, que, par conséquent, la loi ne leur était plus applicable.

Deux jugements ont été rendus dans ce sens, et cela d'après ce qui s'était passé dans le sein de la commission de la chambre des députés: l'un est du tribunal de commerce de Paris, en date du 6 février 1839, et l'autre du tribunal de commerce de Versailles, en date du 20 du même mois. Nous rapporterons ici le texte des arrêts rendus par le tribunal de commerce de Paris, sous la présidence de M. *Bourget* (audiences des 23 janvier et 6 février 1889), et par le tribunal de commerce de Versailles.

TRIBUNAL DE COMMERCE DE LA SEINE, 23 JANVIER ET 6 FÉVRIER 1839.

1° *La loi du 20 mai 1838 sur les vices rédhibitoires n'est pas applicable aux ventes d'animaux destinés à la consommation.*

M. Lafargue, avocat de M. Riom et de plusieurs autres marchands bouchers, conclut à ce que M. Doublet et autres commissionnaires de bestiaux soient condamnés à restituer le prix de plusieurs bœufs par eux vendus sur les marchés de Sceaux et de Poissy, et morts dans le trajet de ces marchés aux abattoirs.

M. Schayé, agréé des marchands forains, répond qu'il lui paraît impossible, en équité et en droit, que le tribunal puisse faire accueil à la réclamation des demandeurs.

Mᵉ Martin Leroy, agréé, a plaidé pour d'autres marchands forains dans le système développé par son confrère Mᵉ Schayé.

Après les répliques, le tribunal a mis la cause en délibéré et a prononcé en ces termes à l'audience du 6 février, après en avoir délibéré :

« Attendu qu'aux termes d'un arrêt du parlement du 4 septembre 1673 et d'une ordonnance du roi du 1ᵉʳ juin 1782 (article 27), *les marchands forains tenant les marchés de Poissy et de Sceaux étaient garants, pendant neuf jours, de la mort de leurs bœufs vendus aux bouchers de Paris ;*

» Attendu que *ces dispositions, prises spécialement en faveur du commerce des animaux destinés à la consommation et aussi dans l'intérêt de la salubrité publique,* ont trouvé, plus tard, leur sanction dans les termes généraux de l'article 1641 du code civil ainsi conçu : « Le » vendeur est tenu des défauts cachés de la chose » vendue qui la rendent impropre au service à » l'usage auquel on la destine, ou qui dimi-

» nuent tellement cet usage, que l'acheteur » ne l'aurait pas acquise ou n'en aurait donné » qu'un moindre prix s'il les avait connus;

» Attendu que si la loi du 20 mai 1838, en réglant quels seraient, à l'avenir, les vices rédhibitoires qui donneraient ouverture à l'action résultant de l'article 1641 du code civil, n'a point distingué entre *les animaux domestiques destinés à la consommation* et *ceux destinés au travail*; il convient, avant d'inférer de son silence l'abrogation des anciens réglements, de rechercher, dans la discussion de cette loi, quelle a été la portée que le législateur a voulu lui donner;

» Attendu que si, d'une part, il est vrai que, d'après l'exposé des motifs présentés par M. le ministre du commerce, cette loi devait avoir une action tellement uniforme, que ceux des vices cachés dont elle ne contiendrait pas la nomenclature ne pourraient plus être invoqués en vertu de l'article 1641, d'une autre part le rapport présenté au nom de la commission de la chambre des députés ne laisse aucun doute sur le sens restrictif de cette loi, et qu'on y remarque notamment : *qu'elle ne déroge pas aux lois de police sanitaire ;* qu'elle ne réglera que les marchés où la convention ne sera pas intervenue *expresse ou tacite*, et qu'elle laisse de côté la question d'interprétation de conventions, par exemple celle de savoir ce qu'il faudra décider quand l'animal aura été vendu comme sain et net, *et quand il l'aura été pour la consommation et non pour le travail.*

» Attendu que c'est sur la foi de ces explications que la loi a été votée; qu'il en ressort, ainsi que de la discussion qui l'a précédée, qu'elle était destinée à mettre un terme aux inconvénients qui résultaient de l'appréciation des vices rédhibitoires et de la fixation des délais d'après les usages des diverses provinces, en limitant pour l'avenir ces vices à ceux que la science signale le plus ordinairement, mais qu'elle devait laisser à la jurisprudence l'appréciation des diverses natures de conventions que la loi ne peut prévoir ni régler ;

» Attendu que les bœufs vendus à Poissy et à Sceaux doivent être immédiatement livrés à la *consommation ; qu'il est interdit aux bouchers d'y livrer des animaux morts naturellement ;* que cette convention tacite ressort évidemment d'un marché de cette nature *où il s'agit moins d'un animal domestique que d'une marchandise dite viande sur pied ;*

» En ce qui touche la forme employée pour constater le décès ;

» Attendu que, dès lors que la loi du 20 mai 1838 *n'est point applicable à la vente des animaux destinés à la consommation, il n'y a pas lieu d'y recourir relativement aux formes à suivre pour constater le décès ;*

» Attendu, en fait, que le bœuf dont s'agit a été vendu au marché de Poissy, le 10 janvier, par Doublet, à Riom ; que cet animal est mort le lendemain ; qu'il résulte du procès-verbal d'autopsie dressé par les experts nommés à cet effet par M. le président de ce tribunal, qu'il est mort d'une maladie infailliblement contractée avant la vente :

» Par ces motifs, le tribunal, jugeant en premier ressort, déclare nulle la vente du bœuf dont s'agit, condamne Doublet, par les voies

— 171 —

de droit et même par corps, à restituer à Riom la somme de 350 fr. avec les intérêts, suivant la loi; condamne, en outre, Doublet aux dépens pour tous dommages-intérêts. »

(*Gazette des tribunaux* du 15 février 1839.)

TRIBUNAL DE COMMERCE DE VERSAILLES, AUDIENCE DU 20 FÉVRIER 1839.

2º *Entre le sieur Pillet, boucher à Paris, et le sieur Delarue, marchand de bestiaux à Poissy.*

Le tribunal, après avoir entendu les parties et leurs défenseurs, jugeant en premier ressort,

« Attendu que la demande formée par Pillet contre Delarue a pour but le remboursement de 540 fr., prix d'un bœuf acheté par Pillet à Delarue le 10 janvier dernier sur le marché de Poissy, et qui est mort naturellement le lendemain de la vente, à l'abattoir de Villejuif;

» Attendu qu'il résulte du rapport des sieurs Leblanc et Vatel, artistes vétérinaires, demeurant à Paris, commis à cet effet, par ordonnance rendue, le 12 janvier dernier, par le président du tribunal de commerce de la Seine, sur la requête du sieur Pillet, présentée ledit jour à ce magistrat, que le bœuf dont s'agit aurait succombé à une altération du sang, accompagnée d'épanchement sanguin et séro-sanguinolent dans le tube digestif, le bas-ventre, la cavité de la poitrine et du péricarde, et que cette maladie existait indubitablement au moment de la vente, qui n'a précédé la mort que d'un jour;

» Attendu, en ce qui touche la régularité de l'expertise, que l'animal dont s'agit ayant succombé à la porte de l'abattoir de Villejuif, Pillet, obligé, par les mesures d'ordre et de police, de faire conduire le bœuf à la ménagerie, a dû s'adresser au président du tribunal de commerce de la Seine pour faire constater la mort, les causes et la nature de la maladie ; que la loi sur les vices rédhibitoires des animaux domestiques, *n'étant pas applicable, quant au fond, aux vices des animaux destinés à la boucherie, ne doit pas non plus être appliquée quant à la forme*, et que, par conséquent, la mission donnée aux sieurs Leblanc et Vatel a été régulière;

» Attendu, au fond, que si le rapport des experts ne définit pas d'une manière claire et précise le genre de maladie de l'animal, ce qui est à regretter, il ne résulte pas moins de ce rapport que Delarue a vendu à Pillet *un bœuf déjà atteint d'une maladie qui a causé sa prompte mort, et l'a rendu ainsi impropre à l'usage auquel il était destiné;*

» Attendu que rien ne prouve que des mauvais traitements et le défaut de nourriture aient contribué à la mort de l'animal :

» Par ces motifs, déclare la vente dudit bœuf résolue;

» En conséquence, condamne Delarue à rembourser à Pillet la somme de 540 fr., montant du prix d'acquisition dudit bœuf, etc. »

Il résulte de ces jugements que la loi du 20 mai 1838 n'est plus applicable aux animaux de boucherie qui rentrent sous l'empire de l'article 1641 du code civil et sous celui des règlements locaux relatifs à la boucherie.

C'est une bonne dérogation à la loi dans l'intérêt de la salubrité publique et dans celui de l'équité.

CHAPITRE XIV.

PIÈCES JUDICIAIRES.

§ 1er. *Demande de recours en garantie.*

A monsieur le juge de paix du quatrième arrondissement de la ville de Paris.

Monsieur le juge de paix,

Planquoy, voiturier, hors la barrière Fontainebleau, n° 88, a l'honneur de vous exposer :

Que le dimanche, 15 courant, il a acheté de M. Hautour, marchand de chevaux, à Paris, rue du Marché-aux-Chevaux, n° 9,

Une jument sous poil gris, hors d'âge, à tout crin, taille ordinaire, moyennant la somme de cent quarante fr., payée, savoir : moitié comptant et l'autre moitié payable le 1er août prochain ;

Que cette jument est atteinte de vices rédhibitoires : pour quoi il vous prie, monsieur le juge de paix, de nommer un vétérinaire pour expert, afin de procéder à la visite de ladite jument, constater les vices et maladies dont elle est atteinte, le tout en présence du vendeur ou lui dûment appelé, pour être ensuite statué ce qu'il appartiendra.

La présente requête est présentée conformément à l'article 5 de la loi du 20 mai 1838.

Paris, le 23 juillet 1838.

Signé PLANQUOY.

§ 2. *Ordonnance du juge de paix.*

Nous, juge de paix du quatrième arrondissement de Paris;

Vu la requête qui précède, ensemble l'article 5 de la loi du 20 mai dernier sur les vices rédhibitoires;

Commettons le sieur Huzard, vétérinaire, demeurant à Paris, rue de l'Éperon, n° 5, à l'effet de procéder à la visite de la jument désignée en ladite requête, constater son état, les vices et maladies dont elle peut être atteinte, et du tout dresser procès-verbal en présence du vendeur ou lui dûment appelé, pour être ensuite par les parties requis et par le tribunal statué ce qu'il appartiendra.

Paris, le 24 juillet 1838.

Signé ANCELLE.

Enregistré à Paris, le 26 juillet 1838, etc.

§ 3. — *Procès-verbal d'expert.*

Je soussigné, Jean-Baptiste Huzard fils, médecin-vétérinaire à Paris, y demeurant, rue de l'Éperon, n° 5, commis d'office par M. le juge de paix du dixième arrondissement de Paris en date du 21 de ce mois, par suite d'une requête à lui présentée le même jour par le sieur J. Savignien Blaque, fruitier, demeurant à Paris, rue de Grenelle, n° 115, à l'effet de constater l'état et la maladie de la jument dont il s'agit en ladite requête;

Ai visité, aujourd'hui huit heures du matin, une jument paraissant propre au cabriolet, sous poil bai doré, à courte queue anglaisée, ayant une marque bordée en tête, ayant des traces anciennes de saignées à l'encolure, une petite cicatrice sur le dos au bas du garrot des dartres farineuses à la tête, de l'âge de sept ans, de la taille d'un mètre 59 centimètres, mesurée sous potence et étant bouletée et usée sur son devant, que le sieur Blaque m'a présentée comme celle faisant l'objet de sa requête susdatée et qu'il m'a dit avoir achetée, le 14 de ce mois, du sieur Garson, loueur de voitures, demeurant rue du Bac, n° 102, et cela par l'entremise du cocher de celui-ci; a ajouté qu'il soupçonnait la jument affectée de la pousse. Le sieur Garson, sommé de se trouver à la visite à huit heures du matin, ainsi qu'il résulte de l'original de la sommation ci-jointe, a comparu, m'a dit qu'il avait chargé son domestique de vendre la jument comme sienne propre et sans garantie, moyennant une prime qu'il lui abandonnait sur le prix de la jument, qu'il n'avait jamais eu affaire à l'acheteur, et qu'en conséquence il ne se croyait pas garant et s'est retiré à environ neuf heures, le sieur Blaque n'étant pas encore arrivé.

Le sieur Blaque, arrivant au moment même où le sieur Garson venait de partir, m'a déclaré que le domestique du sieur Garson avait vendu la jument comme appartenant à son maître et avec la garantie d'usage des vices rédhibitoires.

« J'ai trouvé que la jument était en fort bon état de santé et d'embonpoint, qu'elle mangeait l'avoine avec appétit, mais que, dans le repos, en mangeant tranquillement l'avoine, elle avait le mouvement du flanc irrégulier et entrecoupé par le contre-temps ou l'espèce de soubresaut qui constitue la *pousse*; pour quoi j'estime que la bête *est poussive* et dans le cas de l'article 1er de la loi du 20 mai 1838.

« En foi de quoi j'ai dressé le présent procès-verbal pour servir et valoir ce que de droit.

Fait à Paris, le 23 juin 1838.

§ 4. *Autre procès-verbal d'expert.*

Je soussigné, Jean-Baptiste Huzard fils, médecin-vétérinaire à Paris, y demeurant rue de l'Éperon, n° 5, nommé d'office par ordonnance de M. le juge de paix du dixième arrondissement, en date du 6 de ce mois, et étant en suite de la requête à lui présentée par le sieur *Villaume*, loueur de cabriolets, demeurant à Paris, rue Saint-Guillaume, n° 6, à l'effet de visiter la jument dont il s'agit, donner mon avis et faire mon rapport, et cela en présence du vendeur ou lui dûment appelé ;

Ai visité aujourd'hui, onze heures du matin, une jument que ledit sieur Villaumé m'a présentée comme celle faisant l'objet de sa requête et qu'il avait achetée le 30 mai dernier du sieur Petiteau, propriétaire, demeurant à Paris, rue Taranne, n° 6. Le sieur Petiteau, sommé de se trouver à la visite le 8, m'avait prié de remettre cette visite au 9 et s'y est fait représenter par le sieur Leblanc, médecin-vétérinaire à Paris, y demeurant rue du Faubourg-Poissonnière.

Le sieur *Villaumé* m'a dit qu'on lui avait vendu la jument comme étant bonne au cabriolet, qu'il l'avait essayée à ce service et que, l'ayant trouvée bonne en effet, il avait conclu l'achat moyennant la somme de 300 fr., plus 2 fr. pour le domestique; a ajouté qu'ayant ensuite fait travailler ladite jument, celle-ci, après le travail, avait boité; que, depuis, il avait su que la jument avait déjà boité plusieurs fois chez le sieur Petiteau, et qu'elle était affectée d'une boiterie de vieux mal. Le sieur Leblanc, pour le sieur Petiteau, a dit qu'il était vrai que la jument était boiteuse, que c'était pour cela que le sieur Petiteau l'avait vendue, que le sieur Villaumé avait dû s'apercevoir de ce défaut, que, par conséquent, il n'y avait pas lieu, sous ce rapport, à rédhibition; a ajouté que c'était, du reste, du membre gauche de devant qu'elle avait boité chez le sieur Petiteau, tandis qu'actuellement elle boitait du membre droit; que cette boiterie était, par conséquent, du fait de l'acheteur, et ne pouvait, en aucune manière, être imputée au vendeur. Le sieur Villaumé a répliqué que la jument ne boitait pas lors de la vente, que, si elle avait boité, il ne l'aurait, certes, pas achetée, un cheval boiteux ne pouvant faire le service de cabriolet de place; a ajouté que la jument avait boité du membre droit comme du membre gauche chez le sieur Petiteau, et qu'il en donnerait la preuve si besoin était.

J'ai examiné cette jument, j'ai reconnu qu'elle boitait fortement de l'extrémité antérieure droite, que la partie inférieure du paturon était chaude, très-douloureuse, qu'elle paraissait même un peu gonflée, que ce n'était pas la peau qui était le siége de la douleur et du gonflement, mais que c'étaient les parties intérieures sous la peau; qu'il n'y avait, du reste, aucune trace qui indiquât que la cause fût une violence extérieure, que le sabot était en bon état; qu'il n'était ni chaud ni douloureux, que toutes les parties supérieures du membre paraissaient également en bon état : ce qui m'a fait présumer que le siége de la boiterie actuelle était dans la partie inférieure du membre et du paturon antérieur droit, mais ne m'a permis en aucune façon de statuer sur la nature de la boiterie et de prononcer si elle était antérieure ou non à la vente, si elle rentrait dans la classe de celles prévues par la loi du 20 mai de cette année.

Pour quoi j'estime, si le sieur Villaumé ne peut prouver, d'une autre manière, que la jument était, antérieurement à la vente, affectée d'une boiterie intermittente, qu'il y a lieu à ordonner qu'elle soit mise en fourrière pour être traitée convenablement, et m'être représen-

— 182 —

tée de nouveau après quinzaine pour que je statue définitivement alors sur son état antérieur à la vente, s'il est possible de le faire avec certitude.

En foi de quoi, j'ai rédigé le présent procès-verbal de visite pour servir et valoir ce que de droit.

Fait à Paris, le 9 juin 1838.

§ 5. *Autre procès-verbal d'expert* (1).

Je soussigné, etc., expert nommé d'office par ordonnance de M. le, etc., etc., en date du 19 de ce mois, étant au bas de la requête ci-jointe, à lui présentée, la veille, par le sieur G***, propriétaire, demeurant à Paris, rue de Clichy, à l'effet de visiter le cheval dont il s'agit, et en constater l'état en présence du vendeur ou lui dûment appelé, pour du tout dresser procès-verbal, ai visité aujourd'hui, neuf heures du matin, un cheval hongre;

---

(1) J'ai rapporté ici un procès-verbal fait antérieurement à la loi, pour un cas peu commun, mais qui peut se représenter.

propre au cabriolet, sous poil bai brun, à courte queue anglaisée; ayant une marque en tête; une liste commençant au milieu du chanfrein, élargie et bordée entre les naseaux; du gris à la lèvre antérieure, de l'âge de sept à huit ans et de la taille d'un mètre 60 centimètres, mesuré sous potence; que le sieur G*** m'a présenté comme celui de sa requête susdatée, et qu'il m'a dit avoir acheté le 10 de ce mois, moyennant la somme de 950 fr., du sieur M***, propriétaire, demeurant à Paris, rue Gaillon, n° 3; m'a ajouté que, le jour de la vente, et lors de l'essai, le cheval ne boitait pas; qu'il ne boitait pas en rentrant après l'exercice; mais que le lendemain, en sortant de l'écurie, il boitait, et que depuis il avait toujours boité un peu plus, un peu moins, quoiqu'il eût été beaucoup reposé, et très-ménagé; pour quoi il soupçonnait le cheval être affecté d'une boiterie de *vieux mal*. Le sieur M***, sommé de se trouver à la visite, ainsi qu'il résulte de l'original de la sommation étant au bas de l'ordonnance, a comparu, a bien reconnu le cheval pour être celui qu'il avait vendu au sieur G*** aux conditions précitées, a dit que son cheval était droit lorsqu'il l'avait vendu; qu'il n'avait jamais boité chez lui, ce dont il s'offrait de faire les preuves; a ajouté que, s'il boitait maintenant, ce ne pouvait être que par accident postérieur à la vente, nullement de son fait, et, par conséquent, dont il ne pouvait être responsable (1).

J'ai examiné ce cheval dans le repos immédiatement après une marche au pas, et ensuite dans l'exercice au pas et au trot à la main, et j'ai reconnu qu'il était en bon état de santé, mais qu'il avait les deux jarrets malades, plus gros que dans l'état ordinaire, surtout à la face interne; que le jarret droit était plus affecté que l'autre, que les tumeurs qui s'y remarquaient étaient dures, de nature osseuse, non douloureuses, par conséquent anciennes; que l'animal se coupait aux boulets des deux côtés, et qu'enfin en marchant, et surtout au trot, il boitait

---

(1) Le défendeur était non justiciable du tribunal de commerce dans l'affaire dont il s'agit : mais il n'en déclina pas la compétence, et l'affaire fut plaidée.

fortement de l'extrémité postérieure droite ; les pieds de derrière étaient vieux ferrés, et je n'ai trouvé aucune cause, autre que le mauvais état du jarret, qui pût donner lieu à cette boiterie; cependant, pour plus de sûreté dans mon jugement, je pense que le cheval doit être déposé en fourrière pour m'être représenté de nouveau après huitaine; et les parties étant demeurées d'accord de l'envoyer à l'École royale vétérinaire d'Alfort, j'ai indiqué une seconde visite et la clôture de mon procès-verbal à ladite École, où les parties sont convenues de se rendre sans sommation, le lundi 27 du courant, une heure après midi. En foi de quoi, j'ai commencé le présent procès-verbal de visite, pour servir et valoir ce que de droit.

Fait à Paris, etc.

Signé, etc.

Et le jeudi 27 mars, à une heure après midi, toujours au désir de l'ordonnance du 19 du courant, et par suite de mon procès-verbal du 21, je me suis transporté à l'École royale vétérinaire d'Alfort, où les parties se sont rendues, et où le sieur G*** m'a fait voir, dans une des écuries des hôpitaux, le cheval faisant l'objet de mon procès-verbal, et que le sieur M*** a bien reconnu.

J'ai examiné de nouveau le cheval, je l'ai trouvé en bon état de santé; et je n'ai point remarqué qu'aucune partie des extrémités postérieures fût sensible, douloureuse; je n'ai trouvé enfin aucune cause récente de boiterie. J'ai fait sortir l'animal au pas sur le pavé et à la main; il avait la démarche un peu embarrassée dans le train de derrière, mais il ne boitait pas : au trot et à la main, il boitait manifestement du train de derrière sans qu'on pût dire positivement de quelle extrémité. J'ai fait atteler alors le cheval à un cabriolet, et je l'ai fait exercer au trot ainsi attelé et avec deux personnes dans le cabriolet, pendant près d'une demi-heure, sur la grande route de Maisons et de Villeneuve. Au cabriolet et dans les brancards au trot, le cheval paraissait à peine boiter, et des yeux non exercés y auraient été facilement trompés; mais, dételé après l'exercice et mis au trot à la main, il boitait très-fortement de l'extrémité postérieure droite; et le sieur G*** a dit que le cheval, mis à l'écurie et reposé pendant vingt-quatre heures, boiterait peut-être plus encore, et a requis qu'il fût visité après ce délai : le sieur M***, présent, a répété que son cheval n'avait jamais boité avant la vente, qu'il fallait qu'il eût été forcé pour boiter actuellement, et que ce ne pouvait être que par la faute du sieur G***; a ajouté qu'il ne s'opposait pas, du reste, à ce que le cheval fût visité de nouveau après un repos de vingt-quatre heures : pour quoi j'ai indiqué aux parties le lendemain, heure de midi, pour procéder à ce dernier examen.

Fait à Alfort, etc.

Signé, etc.

Et aujourd'hui, 28 mars, à l'heure de midi, toujours en vertu de l'ordonnance en date du 19 du courant, et par suite de mes deux procès-verbaux du 21 et du 27 aussi du même mois, je me suis transporté de nouveau à l'École royale vétérinaire d'Alfort, là où le sieur G*** m'a présenté, dans la même écurie où je l'avais vu la veille, le cheval faisant l'objet de sa requête. Le sieur M*** était venu chez moi, le matin, me dire que sa présence à la visite du cheval étant inutile, et une affaire indispensable le retenant à Paris, il n'assisterait pas à ce dernier examen.

J'ai fait sortir le cheval de l'écurie : au pas sur le pavé, il boitait du train de derrière; mis au trot sous l'homme, pendant une minute environ, il a boité comme il avait boité la veille après avoir été exercé, par conséquent beaucoup plus fort qu'avant ledit exercice. Cette boiterie était surtout prononcée lorsqu'on faisait tourner le cheval à droite, même dans un cercle très-étendu; du reste, le cheval ne manifestait aucune douleur dans un endroit du membre plutôt que dans un autre; seulement, lorsqu'on prenait l'extrémité postérieure droite, l'animal l'élevait subitement de terre comme un cheval qui a un éparvin sec.

D'après tous ces examens, j'estime que le cheval a les jarrets malades; qu'il les avait déjà malades avant la vente; qu'il pouvait ne pas boiter au moment de la vente, et que la boiterie dont il est affecté maintenant provient de ce mauvais état des jarrets. En foi de quoi, et sans rien préjudicier aux droits respectifs des parties, j'ai terminé le présent procès-verbal de visite, pour servir et valoir ce que de droit.

Fait à Paris, les jours, mois et an que dessus.

Signé, etc.

N. B. On voit que, dans mon procès-verbal, je n'ai fait qu'exposer ce que j'avais observé, sans prononcer s'il y avait vice rédhibitoire ou non, parce qu'il résultait de la visite une question de droit que je n'étais pas appelé à juger (voyez plus haut ce que l'expert est chargé de faire.), et que voici :

« Un défaut apercevable au moment de la vente, et qui ne faisait pas boiter le cheval dans ce moment, mais qui a occasionné une boiterie grave lorsque l'animal a été soumis au travail pour lequel il paraissait propre, est-il vice rédhibitoire? »

Le tribunal seul serait compétent dans un cas pareil pour décider si cette boiterie devrait être rangée dans celles indiquées par l'art. 1er de la loi du 20 mai 1838.

§ 6. *Compromis pour nommer un expert à l'amiable, sans réserve d'appel.*

Nous, soussignés (*noms, prénoms, qualités et demeures*), convenons, relativement au marché de trois vaches que nous avons fait, le 14 novembre 1823, au marché aux vaches laitières de la Maison-Blanche, et à la contestation qui s'est élevée à la suite de ce marché, de prendre le sieur *H****, vétérinaire, pour arbitre, et renonçons à appeler de son jugement, nous en rapportant complétement à sa décision, qui devra être donnée dans un délai de dix jours, à dater d'aujourd'hui.

Fait à Paris, le 18 novembre 1838.

Lu et approuvé l'écriture ci-dessus. (*Ceci doit être écrit de la main du signataire qui n'a pas écrit le compromis, ou de l'une et de l'autre partie, si c'est l'arbitre ou toute autre personne qui a fait le compromis.*)

Signé, etc.

§ 7. Rapport d'arbitre (1).

A messieurs les président et juges composant le tribunal de commerce du département de la Seine, séant à Paris.

Messieurs,

Par votre jugement du 4 mars de cette année, rendu contradictoirement dans la contestation qui divise le sieur *Charles Bouché*, marchand de chevaux, demeurant à Paris, rue du Faubourg-Saint-Martin, n° 233, demandeur d'une part, et le sieur *Michel Élie*, voiturier, demeurant aussi à Paris, rue du Faubourg-Saint-Martin, n° 25, défendeur d'autre part, il vous a paru utile à l'éclaircissement des faits de la cause, avant faire droit, de nommer M. *Desplas*, arbitre rapporteur entre les parties, à l'effet par elles de représenter les titres et pièces à l'appui de leurs prétentions respectives,

---

(1) Ce rapport a été fait également avant la loi du 20 mai 1838; il servira, néanmoins, à éclairer le jeune expert dans un cas pareil.

dûment en règle, et à l'effet par ledit arbitre d'entendre les parties et qui il jugerait à propos, les régler et accorder, si faire se pouvait, sinon en faire son rapport en la manière accoutumée.

Par jugement du 21 du même mois, vous m'avez substitué à M. *Desplas*, récemment décédé : au désir de ces deux jugements, j'ai entendu les parties plusieurs fois séparément et contradictoirement ; j'ai aussi entendu une personne pour le défendeur et deux pour le demandeur : je n'ai pu accorder lesdites parties.

Point de fait.

Le 21 février de cette année, à huit heures environ du matin, le demandeur a rencontré le défendeur et lui a dit qu'il avait un cheval à lui vendre. Les deux parties sont convenues de se réunir dans la journée, pour terminer l'affaire, chez M. *Pelé*, marchand de vin, demeurant rue du Faubourg-Saint-Martin, n° 2.

Le rendez-vous a eu lieu : la femme du demandeur et celle du défendeur s'y sont trouvées.

Le demandeur a vendu au défendeur un

cheval pour la somme de 430 fr., et il a exigé un billet par lequel ledit défendeur reconnaissait acheter le cheval sans aucune garantie. Les parties ne sachant pas écrire, le demandeur a fait faire le billet par une tierce personne, et le défendeur y a mis sa croix.

Le défendeur s'est délivré du cheval aussitôt le marché.

Le lendemain, 22 février, le défendeur a reconduit le cheval au demandeur, en lui disant que l'animal ne lui convenait pas, et il l'a abandonné dans la cour du demandeur.

Celui-ci a mis le cheval en fourrière et a fait ses diligences contre le défendeur.

La demande tend à ce que le marché soit déclaré valable, et à ce que le défendeur soit tenu de payer la somme de 430 fr., prix du cheval, plus les frais et dépens.

La défense tend à ce que le demandeur soit déclaré non recevable en sa demande, attendu que lui, défendeur, dit qu'il était ivre lorsqu'il a fait le marché; attendu qu'il ne sait pas lire, et qu'à la lecture du billet on a énoncé que le

17

cheval était garanti, au lieu d'énoncer qu'il n'était pas garanti, comme le billet le comporte. Le défendeur reconnaît, au surplus, que le marché a été fait; il reconnaît le billet pour celui écrit en sa présence, et la croix qu'il y a mise.

Le demandeur, à l'appui de sa demande, a apporté le billet de non-garantie qu'il a exigé du défendeur, et de plus m'a fait entendre, en présence du défendeur et de sa femme, deux témoins du marché.

1° Le sieur *François-Henry Labbey*, loueur de cabriolets, demeurant rue du Faubourg-Saint-Martin, n° 270, qui a écrit le billet de non-garantie; ce témoin m'a déclaré que le cheval avait bien été vendu sans garantie, parce qu'il toussait un peu; il m'a ajouté qu'après avoir écrit le billet, il l'avait lu lui-même deux ou trois fois au défendeur, tel qu'il était conçu, sans rien changer ni ajouter, et enfin qu'il n'était pas vrai que le défendeur fût ivre.

2° La dame *Pelé*, femme du marchand de vins chez lequel le marché s'est conclu, m'a dit qu'elle était présente à l'affaire, qu'elle se ressouvenait bien avoir entendu dire que le cheval était acheté sans aucune garantie; qu'elle avait aussi entendu lire le billet, et qu'on avait bien lu que le cheval était acheté sans aucune garantie; elle a ajouté que le défendeur n'était pas ivre.

Le défendeur, à l'appui de sa défense, m'a dit qu'il n'avait pas essayé le cheval avant le marché, et qu'on n'achetait pas un cheval sans garantie la somme de 430 fr. sans l'essayer préalablement; il a dit qu'il l'avait non-seulement acheté avec garantie, mais encore sous la condition verbale que le marchand le lui reprendrait s'il ne lui convenait pas; il a ajouté qu'il persistait à dire qu'il était ivre lorsqu'il avait mis sa croix sur le billet, et pour preuve de la supercherie qu'on a, dit-il, employée à son égard, il m'a fait entendre le sieur *Jean-Louis Morland*, ouvrier imprimeur en taille-douce, demeurant rue du Faubourg-Saint-Martin, n° 25, même maison que le défendeur. Ce témoin m'a dit que, s'étant trouvé par hasard chez le marchand de vins à la conclusion du marché, il avait entendu lire le billet dont il s'agit, et qu'à la lecture, le billet spécifiait que le cheval était vendu avec garantie.

Le demandeur s'est bien rappelé qu'il y avait une personne chez le marchand de vins lorsque le marché s'était conclu, seulement il n'y pas fait attention; il ne récuse pas le sieur *Jean-Louis Morland*, mais il dit qu'il se trompe ou qu'il ment. Il a ajouté que, si le cheval avait été vendu avec garantie, il l'aurait vendu plus cher, et il m'a requis de voir le cheval, afin d'estimer s'il ne valait pas plus de 430 fr., dans le cas où il aurait été vendu avec garantie. Il n'a pas nié qu'il eût promis de le changer plus tard, si le défendeur voulait le changer; mais il a ajouté que cette promesse était indépendante du marché.

Point de droit.

Le demandeur est-il fondé à demander que le marché soit déclaré valable, et que le défendeur soit condamné à payer le prix du cheval et à rembourser les frais et dépens?

Le défendeur peut-il demander la résiliation du marché, parce que, dit-il, il était ivre, et parce qu'on a abusé de ce qu'il ne savait pas lire pour lui faire, en quelque sorte, approuver un écrit en lui lisant le contraire de ce qu'il contenait.

Éclaircissements.

En considérant, d'un côté,

1° Que le marché a été bien conclu, puisque le défendeur en convient ;

2° Que le défendeur reconnaît aussi le billet et convient d'y avoir apposé une croix d'adhésion :

D'un autre côté,

1° Que, si le défendeur était ivre lors du marché, sa femme, qui était présente, ne l'était pas ; qu'elle m'a ajouté que c'était elle qui faisait les marchés ; enfin qu'elle n'a laissé comparaître son mari devant moi que sur mes invitations réitérées et expresses ;

2° Qu'il n'est pas prouvé qu'on ait lu au défendeur et à sa femme le billet insidieusement comme ils l'avancent, en leur énonçant que la vente était avec garantie, au lieu d'énoncer qu'elle était sans garantie, puisqu'ils n'ont pour preuve de ce dire qu'un seul témoin, demeurant dans la même maison; témoin qu'ils connaissaient bien, qui sait lire et écrire, et auquel ils pouvaient faire lire le billet dans le cas de doute de leur part;

3° Que, dans tout marché de chevaux, l'acheteur n'a de signature à donner que lorsqu'il reconnaît acheter le cheval sans garantie;

4° Que le cheval vaudrait davantage s'il était vendu avec garantie;

5° Enfin que le défendeur ne lui reproche d'autre défaut que d'être mauvais travailleur :

J'estime

Que le marché est valable; par conséquent, que le sieur *Charles Bouché* est fondé dans sa demande, et que le sieur *Michel Élie*, défendeur, doit être condamné à payer la somme de 430 fr., prix du cheval, plus les frais et dépens.

Telles sont, Messieurs, les conclusions que j'ai l'honneur de soumettre à la sagesse de vos délibérations ultérieures.

Paris, le 15 avril 1823.

Signé HUZARD.

§ 8. *Autre rapport d'arbitre.*

GARANTIE CONVENTIONNELLE.

A messieurs les président et juges composant le tribunal de commerce du département de la Seine.

Messieurs,

Par votre jugement du 11 novembre 1831, rendu dans la contestation qui divise M. *Charles L****, demeurant à Paris, rue Laffitte, n° 36, demandeur, et madame veuve *C****, demeurant au haras de Madrid, bois de Boulogne, défenderesse, il vous a paru utile de me nommer arbitre rapporteur à l'effet d'entendre les parties, les concilier si faire se pouvait, et dans le cas contraire, en faire mon rapport et donner mon avis.

Au désir de ce jugement, j'ai entendu contradictoirement M. *M****, demeurant au haras de Madrid, fondé de pouvoir par madame veuve *C****, et M. *Charles L****; j'ai aussi entendu M. *Félix V****, secrétaire de M. Jean-George *S****. Je n'ai pu accorder les parties.

En point de fait, le 16 août 1831, le demandeur a acheté à la défenderesse, moyennant la somme de 3,000 fr., une pouliche de trois ans, de pur sang anglais, garantie comme fille de l'étalon *Merlin*.

Cette pouliche subissait avant la vente la préparation nécessaire aux chevaux qui doivent lutter dans les courses : passée entre les mains de M. *L****, elle a continué d'être soumise à l'entraînement.

Au moment même d'engager sa pouliche dans les courses, M. *L**** apprit au Champ de Mars, d'un nommé *C****, au service de lord *S****, que sa pouliche n'était pas fille de *Merlin*.

Malgré cet avis, la pouliche a couru au Champ de Mars.

Les parties conviennent de ces faits.

La demande tend à ce que la défenderesse soit tenue de reprendre la pouliche, de restituer la somme de 3,000 fr. avec frais et dépens.

Le demandeur se fonde sur ce que la pouliche vendue comme fille de *Merlin*, et qu'il a achetée comme telle, ne provient pas de cet étalon.

A l'appui de cette assertion, M. *Félix W**** exhibe le registre de haras de M. *S****, où il se trouve constaté que la pouliche vendue à M. *L**** est fille d'un cheval appelé *Morisco*.

M. *M**** convient que les saillies de ce dernier étalon, quoique ayant été payées, parfois au prix de celle de *Merlin*, ont été quelquefois payées un moindre prix; ce qui explique la supériorité reconnue de *Merlin*.

La défense tend cependant à ce que la demande soit déclarée non recevable, attendu 1° que la déclaration de naissance délivrée au moment de la vente, et certifiée par le sieur *W****, autrefois chef du haras de M. *S****, n'est pas mentionnée dans le reçu de madame *C****; 2° que ladite déclaration avait seulement pour objet de certifier que la pouliche était de pur sang, et devait être admise comme telle aux courses du Champ de Mars, ce qui est vrai, puisque *Morisco* est, comme *Merlin*, étalon de pur sang; 3° que le sieur *L****, en faisant courir la pouliche, a fait acte de propriété.

« *Considérant* : 1° que la déclaration de naissance délivrée au sieur L*** est fausse ; 2° qu'il n'est pas indifférent que la pouliche vendue soit fille de *Morisco* ou de *Merlin*, puisque ce dernier étalon passe pour préférable au premier ; 3° que, dans la vente d'un cheval ou d'une jument de pur sang destiné aux courses ou à la reproduction, il est d'usage de délivrer un certificat de généalogie, lequel donne à l'animal vendu une valeur plus ou moins élevée ; et que si, dans cet usage, on n'était pas tenu de dire la vérité, le commerce des chevaux de grand prix donnerait lieu à beaucoup de fraudes ; 4° que, si M. L*** n'avait pas été abusé par le certificat, il n'aurait pas acheté la pouliche, ou n'en aurait donné qu'un moindre prix ; 5° qu'au moment de faire courir la pouliche, le sieur L*** n'avait pas la preuve complète de la fausseté du certificat délivré ; 6° que l'occasion de présenter aux courses la pouliche, déjà préparée en partie par les soins de la dame C***, devant être saisie, le sieur L*** a été, malgré l'avertissement à lui donné par le nommé C***, dans l'obligation de faire acte de propriété ;

— Considérant, en outre, qu'en pareille matière la seule question qui peut être résolue différemment, celle qui concerne l'acte de propriété, doit être plutôt expliquée en faveur de l'acheteur que du vendeur;

J'*estime* que la demande est fondée, que la défenderesse doit être tenue à la restitution de 3,000 fr., plus les frais et dépens, sauf à elle à faire valoir son recours contre son garant, s'il y a lieu.

Telles sont, messieurs, les conclusions que j'ai l'honneur de soumettre à la sagesse de vos délibérations ultérieures.

Fait à l'école d'Alfort, le 25 novembre 1831.

Signé YVART.

§. 9. *Autre rapport d'arbitre.*

GARANTIE CONVENTIONNELLE.

A messieurs les président et juges du tribunal de commerce du département de la Seine.

Messieurs,

Par votre jugement du 26 juillet dernier, rendu contradictoirement dans la contestation qui divise le sieur *Rivière*, marchand de chevaux, rue du Faubourg-Saint-Martin, demandeur, d'une part, et la dame *Rouleau*, marchande de pierres et de moellons, demeurant à la Maison-Blanche, commune de Gentilly, défenderesse, d'autre part, il vous a paru utile à l'éclaircissement des faits de la cause, avant de faire droit, de me nommer arbitre rapporteur dans cette affaire; et vous m'avez chargé, en cette qualité, d'entendre les parties, de les concilier, si faire se pouvait; sinon, de vous faire mon rapport en la manière accoutumée.

Au désir de votre jugement, j'ai entendu plusieurs fois les parties, séparément et contradictoirement, et je n'ai pu les concilier. Je vais, en conséquence, messieurs, vous faire connaître les renseignements que j'ai obtenus, et le résultat de la visite que j'ai faite du cheval qui fait le sujet de la contestation : j'aurai ensuite l'honneur de vous soumettre mon avis touchant cette affaire.

Le sieur *Rivière* a déclaré que, le 4 juillet dernier, il avait vendu à la dame *Rouleau* un cheval bai, âgé de huit à neuf ans, moyennant 800 fr.; que, quelques jours après la livraison, ce cheval n'ayant pas convenu à l'acquéreur, il s'était engagé à le reprendre, à condition qu'il lui en fournirait un autre; qu'effectivement, le 13 juillet, il avait repris cet animal, et que, le même jour, il avait vendu un autre cheval à la dame *Rouleau*, pour le prix de 1,124 fr., lequel fait aujourd'hui le sujet de la contestation. Il a ajouté que, deux heures après avoir pris livraison de ce dernier animal, la dame *Rouleau* s'était présentée chez lui, en lui observant que ce cheval était malade; que, d'ailleurs, elle l'avait acheté comme *entier*, qu'il était *hongre*, et que, par conséquent, il ne pouvait lui convenir sous aucun rapport. Que lui, *Rivière*, avait répondu qu'il avouait que le cheval était malade, mais que son affection n'était pas grave; qu'il s'engageait à le faire traiter à ses frais et à le livrer en bon état de santé. Que, quant aux craintes qu'avait la dame *Rouleau*, que ce cheval fût *hongre*, elles n'étaient nullement fondées; qu'il garantirait par écrit que ce cheval était *entier*, bien que ses testicules ne fussent pas apparents.

Le sieur *Rivière* a dit, en outre, que ces propositions avaient satisfait la dame *Rouleau*; qu'elle avait consenti par écrit à reprendre ce cheval, quand il serait rétabli, et que, de son côté, il lui avait donné un billet attestant que le cheval était *entier*. Qu'au bout de huit jours, cet animal lui paraissant guéri, il en avait prévenu la dame *Rouleau*, et que, cette dame ne lui ayant pas répondu, il lui avait fait faire sommation, le 20 juillet, de prendre livraison de ce cheval. Enfin il a dit, en terminant, qu'il demandait que le cheval fût visité, son état constaté, et que, dans le cas où la dame *Rouleau* ne serait pas tenue de le prendre, elle fût au moins forcée de garder le premier cheval qu'il lui avait vendu, attendu que cet animal n'avait aucun vice rédhibitoire, qu'il ne l'avait repris que par pure complaisance et à la condition expresse qu'il en vendrait un autre.

La dame *Rouleau* a répondu que les faits allégués par le sieur *Rivière* étaient exacts; elle a seulement dit qu'elle prétendait que, dans aucune circonstance, elle ne pouvait être tenue de prendre le cheval que le sieur *Rivière* lui avait primitivement vendu ; qu'elle considérait le premier marché comme nul, et que le second seul subsistait. Elle a ajouté qu'elle était prête à payer les 1,124 fr., si le cheval en litige était reconnu *entier* et *bien portant*; mais que, dans le cas contraire, elle croyait être libérée de tout engagement envers le vendeur.

Le sieur *Petit*, demeurant rue des Fossés-Saint-Marcel, vétérinaire de la dame *Rouleau*, et appelé par elle, déclare avoir visité le cheval une heure après la livraison. Il a observé que le cheval était malade, qu'il ne portait point des testicules apparents, et qu'il paraissait hongre : il n'était point présent à l'acquisition, et ne rapporte d'ailleurs aucun fait qui puisse éclairer la cause.

Ces renseignements étant recueillis, j'ai procédé, le 31 juillet dernier, à la visite d'*un cheval sous poil gris clair, légèrement vineux; liste en tête; ladre sur la partie inférieure gauche du chanfrein; aux ailes du naseau gauche et aux lèvres; œil droit vairon; queue en balai; âgé de quatre ans; taille d'un mètre* 60 *centimètres;* que les parties présentes m'ont dit être celui faisant le sujet de la contestation : j'ai remarqué que cet animal, qui avait le poil piqué et les flancs retroussés, jetait par les deux naseaux, toussait de temps à autre et portait, sous la ganache du côté gauche, une tumeur inflammatoire, qui paraissait disposée à s'abcéder. Ces symptômes caractérisant l'affection catarrhale que l'on dé- désigne sous le nom de *gourme,* et cet état ma- ladif, aux termes des conditions précitées, ne permettant pas, quant à présent, de livrer cet animal (dans la supposition où il serait re- connu entier), il a été décidé que le sieur *Ri- vière* le placerait à ses frais dans l'infirmerie du sieur *Collas*, vétérinaire, rue du Ponceau, jus- qu'à son rétablissement; et qu'à cette époque il serait visité de nouveau, et déposé alors en fourrière aux frais de qui il appartiendrait.

Ce premier examen terminé, j'ai ensuite visité avec la plus grande attention les organes de la génération, afin de déterminer si le che- val était *entier.* J'ai d'abord remarqué qu'il n'existait à l'extérieur aucune apparence de testicules, et que le scrotum n'offrait aucune cicatrice. La main droite, introduite dans le rectum et dirigée attentivement vers les anneaux inguinaux, ne m'ayant pas décelé la présence des testicules dans l'abdomen, j'ai alors exploré les parties supérieures et latérales du fourreau, et j'ai reconnu que l'animal portait, du côté droit, à l'extrémité d'un cordon très-court, un testicule du volume d'un petit œuf de poule, et que la même disposition existait du côté gauche ; que seulement le testicule était encore moins développé que celui du côté opposé. J'ai aussi observé que ce cheval était triste, que son hennissement était voilé, et qu'il n'y avait point, dans l'expression de sa physionomie, ces signes de vigueur et de fierté qui sont l'apanage du cheval entier. Toutefois, il est juste de faire remarquer que, cet animal n'étant pas en santé, il est présumable que son état maladif contribuait à lui donner l'air de tristesse que je viens de signaler.

Il résulte, messieurs, de l'examen scrupuleux que j'ai fait, que ce cheval n'est point *hongre*, puisqu'il ne porte aucune cicatrice sur le scrotum, et que rien n'indique qu'on ait jamais pratiqué aucune opération sur les organes essentiels à la reproduction. Voyons maintenant si cet animal, dont les testicules sont à peine développés, et qui, sous ce rapport, présente une espèce de monstruosité, doit être considéré comme *entier*. Telle est la question qu'il importe de résoudre, puisqu'elle seule fait le sujet de la contestation.

Permettez-moi, messieurs, dans l'intérêt de la justice, d'entrer ici dans quelques considérations générales qui, peut-être, pourront éclairer votre religion et vous mettre à même de prononcer dans l'affaire qui vous est soumise.

Dans tous les travaux pénibles qui exigent de violents efforts, un grand développement de forces, on emploie toujours de préférence les chevaux entiers, parce qu'il est bien prouvé qu'on trouve chez ces animaux une énergie, une vigueur qu'on ne rencontre qu'à des degrés inférieurs chez les juments et surtout chez les chevaux hongres. A quelle cause faut-il attribuer la force et l'énergie qui caractérisent les chevaux entiers ? C'est assurément à la présence des testicules *dans leur état normal* et à l'influence qu'ils exercent sur l'organisation générale. Ce fait, qu'on ne peut révoquer en doute, est démontré jusqu'à l'évidence par les effets que produit la castration sur les animaux.

Recherchons à présent quel a été le but de la dame *Rouleau* en achetant le cheval du sieur *Rivière*, et surtout en se faisant garantir que cet animal est *entier*. La dame *Rouleau* exploite une carrière à pierres, et elle n'emploie à ce pénible service que des chevaux entiers. Une heure après avoir acheté le cheval du sieur *Rivière*, elle charge M. *Petit* de le visiter. Ce vétérinaire lui fait remarquer que cet animal n'a pas des testicules apparents, et il ajoute qu'il le croit hongre. Effrayée par ces observations, la dame *Rouleau* s'empresse de retourner chez son vendeur, qui la tranquillise en lui attestant *par écrit* que le cheval *est entier*, et en lui affirmant que, si les testicules ne sont pas apparents, *ils n'en existent pas moins*. Voyons maintenant si l'intention de la dame *Rouleau* est remplie, et si l'animal qu'elle a acheté réunit, comme elle le supposait, les qualités du cheval entier. Est-il présumable qu'un cheval chez lequel les testicules ont à peine acquis le cinquième du développement normal ait jamais la force, la vigueur et l'énergie qu'il aurait eues, si ces organes avaient pris leur accroissement naturel? Nous ne le pensons pas, et nous n'hésitons pas à vous affirmer, au contraire, que ce vice d'organisation, cette espèce d'anomalie, influe d'une manière nuisible sur l'organisation générale de cet animal, qu'elle le rend moins propre à supporter de grandes fatigues et qu'elle en diminue, par conséquent, la valeur.

En résumé, messieurs, considérant d'une part :

1° Que, de l'aveu commun des parties et des pièces qu'elles ont présentées, il résulte que, le 13 juillet dernier, le sieur *Rivière* a vendu un cheval à la dame *Rouleau*, moyennant la somme de 1,124 fr.;

2° Que le sieur *Rivière* a garanti *par écrit* que ce cheval était *entier*;

3° Qu'il résulte de l'examen qui a été fait que ce cheval porte *deux testicules*, et que, par conséquent, il n'est point *hongre*;

Considérant, d'autre part :

1° Que ces organes (les testicules) n'ont acquis que le cinquième environ de leur développement normal, qu'ils sont atrophiés, et qu'ils ne peuvent, par conséquent, remplir qu'imparfaitement les fonctions qui leur sont dévolues par la nature;

2° Que, dans cette circonstance, la dame *Rouleau* a été trompée en achetant comme cheval entier un animal imparfait, atteint d'un vice d'organisation dont elle n'a pu se convaincre, qui diminue la valeur de ce cheval et le rend moins propre au service auquel elle le destinait;

J'estime qu'il serait juste d'annuler le dernier marché qui a été conclu entre le sieur *Rivière* et la dame *Rouleau*.

Quant aux prétentions du sieur *Rivière* touchant la validité du premier marché, dans le cas où le second serait annulé, elles ne me paraissent nullement fondées, attendu qu'aucune réserve n'a été établie à cet égard dans les engagements réciproques que les parties ont contractés lors du dernier marché.

Tel est, messieurs, l'avis que j'ai l'honneur de soumettre à la sagesse de vos délibérations ultérieures.

J'ai l'honneur d'être avec respect, etc.

Signé Bouley.

§ 10. *Autre rapport d'arbitre.*

Paris, le 24 octobre 1838.

A messieurs les président et juges composant le tribunal de commerce du département de la Seine.

Messieurs,

Par votre jugement en date du 16 de ce mois, rendu contradictoirement dans la contestation qui divise d'une part le sieur *Bouteille*, marchand de chevaux, demeurant à Villiers-le-Bel, et d'autre part, le sieur *Cadours*, marchand crémier, demeurant à Paris, rue Saint-Honoré, n° 112, vous m'avez chargé d'entendre les parties, de les concilier s'il était possible, sinon de vous faire un rapport sur l'affaire en la manière accoutumée.

Au désir de ce jugement, j'ai entendu, aujourd'hui, contradictoirement les parties ; il m'a été impossible de les concilier.

Point de fait.

Le 15 de septembre dernier, le sieur *Cadours* a acheté du sieur *Bouteille*, au marché aux chevaux de Paris, une jument, pour la somme de 300 fr., sur laquelle somme il a payé comptant 200 fr., promettant de payer les 100 fr. restants le 23 du même mois de septembre.

Le 23, le sieur *Bouteille*, s'étant présenté chez le sieur *Cadours* pour recevoir les 100 fr. qui lui étaient dus, n'a point été payé.

Le 24, le dernier jour de la garantie, le sieur *Cadours* s'est mis en mesure de faire reprendre la jument pour cause de vice rédhibitoire, en présentant une requête à M. le juge de paix du quatrième arrondissement en fin de nomination d'un expert vétérinaire, et en faisant assigner le sieur *Bouteille* à comparaître à votre tribunal de 2 du présent mois.

Le 2 de ce mois, le sieur *Cadours*, demandeur, ne s'est point présenté au tribunal ni personne pour lui; le sieur *Bouteille*, défendeur, s'est présenté seul. Vous avez, par un premier jugement du même jour, renvoyé les parties devant moi.

Depuis, le sieur *Bouteille*, n'entendant plus parler de rien, a fait assigner le sieur *Cadours* à comparaître devant vous pour se voir condamné à payer la somme de 100 fr. restant due pour le prix de la jument.

De défendeur qu'il était d'abord, le sieur *Bouteille* est devenu ainsi demandeur.

Aujourd'hui il demande :

Ou que le sieur *Cadours* soit condamné à lui payer la somme de 100 fr.;

Ou si la jument est atteinte d'un vice rédhibitoire légalement constaté, et si, lui, *Bouteille*, est condamné à reprendre la jument, que le sieur *Cadours* soit condamné à lui payer la location de sa jument à raison de 5 fr. par jour pour le travail qu'il lui a fait faire ainsi qu'il s'offre de prouver que cela a eu lieu.

Il ajoute, à l'appui de sa demande, que, puisque le sieur *Cadours* s'était mis en mesure d faire constater légalement le vice rédhibitoire, il aurait dû faire faire cette constatation légale; que, s'il ne l'a point fait, c'est qu'il savait bien que la jument n'avait point de vice rédhibitoire.

Le sieur *Cadours* prétend, de son côté, ne point payer les 100 fr. qu'il doit sur le prix de la jument, parce que, dit-il, il était bien convenu, ou qu'il ne payerait point les 100 fr. si la jument avait quelques vices rédhibitoires, ou que, dans le même cas, le sieur *Bouteille* reprendrait sa jument en rendant les 200 fr. payés comptant.

Il dit, à l'appui de sa défense, que la jument est poussive, qu'il n'a point poursuivi le sieur *Bouteille*, parce qu'en raison des conditions de la vente il espérait bien que celui-ci ne demanderait pas le remboursement des 100 fr.; qu'il ne s'est mis en mesure que par précaution, pour que, dans le cas où le sieur *Bouteille* viendrait à redemander la somme de 100 fr., on ne pût dire qu'il avait perdu sa garantie : par les mêmes raisons, il n'a pas cru devoir laisser sa jument sans rien faire. Il s'offre donc, suivant le marché, de garder la jument pour la somme de 200 fr. qu'il a payée, ou à rendre la jument si le sieur *Bouteille* veut lui rendre cette somme.

Il est résulté pour moi, de l'audition contradictoire des parties, que, dans le marché, les conditions indiquées par le sieur *Cadours* comme ayant été faites l'ont été réellement. L'état de la jument devait être, dès lors, un guide pour moi dans l'arrangement auquel j'ai voulu faire consentir les parties.

La jument était dans une condition pitoyable, sa peau présentait des plaies pustuleuses dont les unes étaient évidemment la suite d'une maladie interne, et les autres, quoique paraissant être produites par le frottement des harnais, pouvaient être néanmoins regardées comme un effet de l'état maladif général ; le frottement des harnais n'ayant fait que les déterminer, et leur donner des formes diverses : son poil était long, terne, hérissé ; elle avait une des extrémités engorgée ; elle avait une tumeur assez dure à l'épaule droite ; elle était maigre, son flanc était altéré comme celui d'un cheval poussif ; elle était triste ; enfin son aspect général indiquait une constitution détériorée profondément et la rendait de nulle espèce de valeur pour tout vétérinaire.

En considérant :

1° Que la vente avait été accompagnée des clauses conventionnelles réclamées par le sieur *Cadours* ;

2° Que, si, scientifiquement, la jument pouvait ne pas être déclarée poussive, elle était d'une mauvaise nature, d'une constitution détériorée depuis longtemps, et que bien certainement elle se trouvait, sinon dans un des cas rédhibitoires prévus par l'article 1er de la loi du 20 mai 1838, au moins dans celui de l'art. 1641 du code civil ;

3° Que les conventions arrêtées lors de la vente ôtaient le vice reproché à la jument du nombre de ceux dont il s'agit dans la loi du 20 mai 1838 et plaçaient la vente sous une garantie conventionnelle extraordinaire ;

4° Enfin que ma mission était d'arranger les parties s'il était possible,

Je voulus faire consentir les parties à l'arrangement suivant :

1° Que les frais faits de part et d'autre étant à peu près égaux, chacune des parties aurait à sa charge les frais qu'elle avait faits;

2° Que le sieur *Cadours* payerait au sieur *Bouteille* la somme de 50 fr.

Je ne me basais point dans cet arrangement sur le point de droit qui peut être controversé.

Je ne consultais que la manière dont le marché avait été fait, ou l'espèce de garantie conventionnelle convenue entre les parties, par laquelle le vendeur s'engageait à ne vendre la jument que 200 fr. si elle avait un vice rédhibitoire; c'est-à-dire dans l'espèce, si elle n'avait pas un défaut qui diminuât sa valeur estimée 300 fr.

Or, comme en raison de son état maladif (augmenté, il est vrai, depuis qu'elle travaille, mais néanmoins antérieur à la vente) elle a peu de valeur; je croyais ne pas être injuste envers le vendeur en lui allouant seulement la moitié de la somme de 100 fr. qui forme le sujet de sa demande.

Conclusions.

C'est ce que j'ai l'honneur de vous proposer encore :

1° En condamnant le sieur *Cadours* à payer au sieur *Bouteille* la somme de 50 fr. ;

2° En laissant à la charge des parties les frais qu'elles ont faits.

Signé Huzard fils.

NOTE ADDITIONNELLE

SUR L'OUVERTURE DES ANIMAUX MORTS.

Je terminerai cet ouvrage par quelques notions relatives aux désordres qui sont la suite de la mort, et relatives à l'ouverture des cadavres; notions dont les vétérinaires sortis des écoles n'auront pas besoin, mais qui pourront être utiles aux personnes peu accoutumées à faire ou à faire faire l'ouverture du corps des animaux.

Lorsqu'on est appelé à pratiquer cette opération, presque toujours il y a quelque temps que l'animal est mort, un jour, souvent deux, et quelquefois plus : souvent aussi le cadavre a été changé de place; il est resté gisant sur un côté beaucoup plus longtemps que sur l'autre;

enfin il est gonflé et météorisé : ce sont autant de circonstances dont il faut prendre note, parce qu'elles peuvent produire des désordres intérieurs que l'on confondrait avec les lésions qui ont causé la mort.

Ainsi le ballonnement du ventre est ordinairement produit par des gaz qui se développent dans l'intestin par la fermentation putride; ainsi le soulèvement de la peau et la distension du tissu cellulaire par des fluides gazeux sont encore ordinairement le produit de la fermentation putride; ainsi l'on trouve dans le tissu cellulaire sous-cutané et intermusculaire, du côté du corps sur lequel le cadavre est resté longtemps, des endroits rouges dont les vaisseaux sont injectés comme s'il y avait eu une inflammation récente réelle dans la partie; quelquefois ces endroits sont noirâtres et ressemblent assez à ces taches noires qu'on observe sur un animal mort du charbon; ainsi, presque toujours après la météorisation, les intestins sont changés de positions; presque toujours encore, les tissus ont pris une teinte rougeâtre qu'ils n'ont pas lorsque l'on ouvre le cadavre immédiatement après la mort.

Si le corps a été transporté, surtout longtemps après la mort, on trouve quelquefois l'estomac ou les gros intestins déchirés; le diaphragme crevé, et l'estomac, ou quelque partie de l'intestin, passé dans la poitrine. S'il y a quelques jours que la mort est arrivée, les reins, au lieu d'être fermes, sont flasques, gonflés, se déchirant assez facilement. Cet état est plus remarquable quand la mort a été occasionnée par une inflammation violente de quelques viscères du ventre, même de la poitrine: les reins sont quelquefois alors en une espèce de bouillie rougeâtre. Cette altération est presque toujours plus marquée dans le rein du côté où le corps était gisant; le pancréas est aussi plus mou qu'à l'ordinaire; au contraire, ces organes n'ont point éprouvé d'altération quand l'ouverture a été faite immédiatement après la mort. Quelquefois les intestins, aux endroits où ils reposent sur les parois abdominales du côté où le corps gisait, et ces parois elles-mêmes, ont pris une couleur plus foncée, rouge par plaques: le poumon du même côté est gorgé d'un sang plus noir; son tissu, dans quelques cas, est même noirâtre : les portions des intestins où de l'estomac qui touchaient le foie ont pris une teinte grise, rougeâtre, noirâtre même quelquefois, particulièrement quand le foie a été le siége d'une inflammation ; enfin, si le corps est resté longtemps sans être ouvert, les membranes séreuses sont détachées des organes qu'elles recouvrent par des gaz qui résultent d'un commencement de putréfaction.

Ces renseignements préliminaires aideront à reconnaître si ces lésions sont le résultat d'une maladie ou les suites de la mort.

Il est important encore de savoir si l'animal a eu des convulsions avant de mourir, s'il s'est frappé la tête contre les corps environnants; il est essentiel d'examiner dans ce but la tête, afin de voir s'il n'y a point de traces de contusions autour des yeux et du crâne : on pourrait trouver, dans ce cas, sur quelques parties de l'encéphale, des ecchymoses, des épanchements sanguins, qu'on regarderait comme la maladie principale, tandis que ces lésions ne seraient réellement que des accidents, mortels peut-être, mais arrivés seulement à la suite d'une autre maladie.

Tous ces renseignements pris, on enlève la peau en la ménageant, à cause de l'emploi économique qu'on en fait, et ensuite parce qu'il est utile quelquefois de la conserver intacte pour la représenter au vendeur absent. On met le corps sur le dos ; on incise la peau depuis le menton jusqu'à l'anus dans la ligne médiane du corps ; une autre incision cruciale est pratiquée à la face interne de chaque membre, et s'étend jusqu'à la couronne ; on détache alors la peau des parties qu'elle recouvre.

Lorsqu'elle est suffisamment séparée, on désarticule les extrémités postérieures dans l'articulation coxo-fémorale, et on abat les extrémités antérieures en détachant les épaules du thorax, et le tronc se trouve ainsi sur le dos et dans une position commode pour l'examen.

Si le ventre est fortement météorisé, il faut toujours, autant que possible, ouvrir d'abord cette cavité, parce que, si l'on ouvrait la poitrine, la pression qu'exercerait alors le diaphragme empêcherait d'examiner convenablement les organes qui y sont contenus, et, dans le cas de lésions, pourrait déranger leur position respective; le diaphragme pourrait même se déchirer; enfin il serait difficile d'introduire le scalpel entre les côtes pour les détacher, sans léser les parties qui sont immédiatement appliquées sur la face costale.

En ouvrant le ventre ou l'abdomen, il ne faut pas percer les intestins; dans quelques cas, cela peut être très-important. Dans ce but, la peau étant enlevée, on incise d'un côté les plans musculeux inférieurs de l'abdomen, sur le cercle cartilagineux des côtes, à 2 pouces environ de son bord; on met le bord à découvert en détachant les muscles qui le recouvrent; on détruit alors dans un point, avec les doigts, les fibres qui empêchent de parvenir dans l'abdomen, et on perce le péritoine avec les doigts ou avec l'instrument, en prenant garde de percer les intestins; on donne aux gaz, qui souvent sont dans l'abdomen, le temps de sortir : on introduit alors la main dans l'ouverture, en repoussant les intestins; on fait passer le scalpel, le bistouri ou le couteau entre les parois du ventre et la main, le dos de la lame reposant sur la main et le tranchant portant sur les parois : alors, avec cette main introduite dans l'abdomen, on prolonge l'incision en conduisant le scalpel le long de l'hypocondre ; le dos de la main repousse les intestins et les empêche d'être lésés par l'instrument, les intestins comprimés se font jour à travers l'ouverture derrière la main ; bientôt la pression cesse, et l'on peut inciser à son aise le reste des parois de l'abdomen ou ventre.

Il ne faut pas se presser de porter l'instrument au milieu des viscères, ce n'est que quand on croira avoir bien vu tout ce qu'il est possible de voir sans le scalpel, qu'on s'en servira pour découvrir les parties qu'on désirera examiner particulièrement : si même l'abdomen ainsi ouvert ne présentait rien de particulier, on passerait à l'examen des autres cavités, et l'on terminerait plus tard l'examen des viscères du ventre.

Celui-ci étant exploré, on peut faire l'ouverture de la poitrine presque sans crainte de léser les organes qu'elle contient : on peut la faire, ou en détachant le diaphragme, ou, mieux, en détachant les côtes; il sera bon, dans ce dernier cas, même avant de commencer, de faire une petite ouverture au diaphragme, pour laisser sortir les gaz qui pourraient être contenus dans l'une et l'autre cavité des plèvres, ou pour y laisser pénétrer l'air.

Pour détacher les côtes, on débarrasse ces os et leur prolongement cartilagineux des chairs qui les recouvrent, et on coupe les cartilages à l'endroit de leur jonction avec les côtes; on isole ensuite les côtes les unes des autres en coupant les muscles intercostaux et autres jusqu'auprès du rachis. Ensuite, en inclinant doucement les côtes en avant et un peu en dehors, on les désarticule sans les fracturer, afin qu'il n'y ait point d'éclat qui puisse blesser la main de l'opérateur et même déchirer les poumons.

En introduisant le scalpel dans la poitrine, il faut avoir soin de ne point léser le poumon et le sac du cœur; il se trouve des cas où il serait possible de prendre une coupure peu nette pour une lésion ; quelquefois il suffit, pour explorer la poitrine, d'en ouvrir seulement un côté, il vaut mieux toujours les ouvrir successivement tous les deux : on a ainsi la facilité d'examiner d'une manière convenable, avant d'y toucher, le médiastin, et ensuite la cavité qui renferme le cœur.

L'ouverture du canal du rachis est plus difficile : pour la bien faire, il faut d'abord isoler la colonne vertébrale, en prenant garde de donner des secousses trop fortes à quelques vertèbres en particulier, secousses qui produiraient sur la moelle des lésions qu'on pourrait attribuer à d'autres causes ; les côtes doivent être désarticulées et non brisées : l'enlèvement soigneusement fait de toutes les parties musculaires qui entourent le rachis sera donc une opération préparatoire indispensable.

Cette première opération étant terminée, et la colonne vertébrale étant séparée du corps, on peut, avec un rogne-pied bien tranchant et un brochoir, ou avec un ciseau et un petit marteau, couper et enlever la partie supérieure des vertèbres, et mettre ainsi le canal vertébral à découvert : toujours doit-on prendre garde de comprimer la moelle de l'épine. L'opération est plus facile aux vertèbres lombaires dont l'apophyse supérieure est liée au corps de la vertèbre par une lame osseuse peu épaisse.

L'ouverture de la cavité crânienne exige les mêmes précautions, c'est-à-dire celles de ne point produire sur le cerveau de commotions violentes ; pour cela, il sera bon de séparer la tête du rachis, en notant s'il sort de la sérosité du canal dans l'endroit où on fera la section ; on désarticulera ensuite la mâchoire inférieure ; on nettoiera le crâne des parties musculaires qui l'entourent, et on procédera à son ouverture de la manière suivante, dans le cheval : cette description donnera des notions sur la manière de l'ouvrir dans les autres animaux.

Avec un rogne-pied et un brochoir, on abat la protubérance occipitale ; on abat aussi les apophyses styloïdes, afin de faire porter la tête sur les condyles de l'occipital ; ensuite, avec une petite scie d'abord, qui est toujours préférable, et ensuite avec le rogne-pied et le brochoir, on fait une ouverture longitudinale au crâne, à sa face supérieure, sur le côté de la crête médiane du pariétal, de manière à pénétrer jusque dans la cavité, et cela depuis les sinus frontaux jusqu'au trou occipital, en ayant soin de ne prendre avec le rogne-pied que l'épaisseur de la lame osseuse, et de ménager les membranes qui enveloppent l'encéphale; on fait une seconde ouverture transversale à la première, à l'endroit où elle commence sur le frontal, et qui va d'un côté à l'autre du front jusque dans l'orbite; enfin on pratique, de chaque côté, dans l'orbite, une nouvelle ouverture qui tourne sur le côté du crâne, et qui se réunit, dans le trou occipital, avec la première; quelques personnes, avant de faire ces trois divisions, enlèvent l'arcade zygomatique.

Quand ces trois coupes ont été bien faites, la paroi supérieure du crâne se trouve divisée en deux parties, dont l'une, un peu plus large que l'autre, porte la crête médiane du pariétal;

c'est la portion la plus étroite qu'il faut enlever la première, elle ne tient plus que légèrement à la dure-mère; on l'en séparera facilement par de légères tractions et avec le manche ou la lame du scalpel, en détruisant les fibres qui se rendent à l'os : l'autre portion y est beaucoup plus adhérente dans le plan médian ; mais il est alors facile de l'en détacher sans léser le cerveau, puisque l'œil peut conduire la main.

Quelquefois la section du crâne sur le frontal ne pénètre que dans les derniers sinus frontaux, et la portion du crâne que l'on veut enlever tient encore par les lames osseuses qui séparent les sinus de la cavité du crâne ; il faut faire pénétrer la coupe à travers ces lames jusque dans la cavité. Cet accident arrive quand la coupe transversale antérieure a été faite trop en avant sur le frontal. Dans un cas pareil, il vaut mieux faire une nouvelle coupe un peu plus haut, le détachement des os en est toujours rendu plus facile.

L'ouverture des cavités nasales n'exige pas autant de précautions, mais elle offre aussi quelques difficultés ; elle se pratique dans le cheval au moyen de trois coupes des os qui recouvrent ces cavités. La première coupe doit se faire de haut en bas sur les os nasaux, mais non dans le plan médian ; elle doit être plus à droite ou plus à gauche, afin qu'elle ne porte pas sur la cloison médiane cartilagineuse du nez; l'instrument ne doit pas, autant que possible, percer la membrane muqueuse nasale. La seconde coupe doit être faite transversalement, à la partie supérieure des os nasaux à l'endroit où ils s'articulent avec le frontal, et d'un os lacrymal à l'autre ; enfin la troisième doit être faite de chaque côté, à peu près le long de la jonction du nasal avec le lacrymal et avec le grand sus-maxillaire. Le rogne-pied et le brochoir sont les instruments les plus convenables pour cette opération ; un ciseau peut aider avantageusement. Les trois sections des os étant terminées, on enlève d'abord le côté sur lequel on a fait la coupe longitudinale, ou en détachant l'os de de dessus la membrane interne, ou en incisant cette membrane et en l'emportant avec l'os ; on coupe ensuite la cloison cartilagineuse du nez dans sa longueur à sa partie supérieure, et on enlève le côté opposé : dans cette opération, il est difficile de ne pas léser la membrane muqueuse dans plusieurs points. Il faut ne pas confondre ces lésions avec celles qui résultent de l'état maladif, quand cet état existe.

Lorsque la peau doit être conservée pour être représentée au vendeur, on doit y laisser annexés les sabots, ce que l'on fait en coupant le membre dans l'articulation du boulet, ou, mieux, dans celle du paturon avec la couronne sans couper la peau. On doit conserver en même temps, dans ce cas, les dents des deux mâchoires. Pour cela, on scie les mâchoires au-dessus des crochets ou près des dents molaires, et on laisse les deux morceaux qui portent les dents et les lèvres attachés à la peau. De cette manière, les dents incisives et les sabots conservés avec la peau permettent de confronter le signalement de l'animal.

Les équarrisseurs sont ordinairement chargés de garder les peaux : dans ces sortes de cas; ils doivent, après les avoir bien salés, les développer et les étendre sur des claies ou sur des bâtons, dans un lieu sec et bien aéré, pour en faciliter la dessiccation et la conservation.

FIN.

Ouvrages qui se trouvent chez le même Libraire.

—

Bourgelat. Essai sur les appareils et sur les bandages propres aux quadrupèdes. 1813, in 8, fig............................ 7 f., et fr. de port 8 f. 25 c.

Bourgelat. Essai théorique et pratique sur la ferrure. 1813, in-8................. 3 f. 50 c. et 4 f. 25 c.

Bourgelat. Précis anatomique du corps du cheval comparé avec celui du bœuf et du mouton. 1807, 2 vol. in-8........................... 10 f. et 13 f.

Bourgelat. Traité de la conformation extérieure du cheval, de sa beauté, de ses défauts, des soins qu'il exige, de sa multiplication; 8e édit.; par *J.-B. Huzard*. Paris, 1832, in-8, fig............ 7 f. et 9 f.

Cours d'hippiatrique, notions sur la charpente osseuse du cheval, description de ses parties extérieures, conservation de sa santé; par M. *Valois*. 2e édit. Paris, 1825, in-12................. 3 f. 50 c. et 4 f. 25 c.

Essai sur les épizooties; par M. *Guersent*. Paris, 1815, in-8................................ 3 f. et 3 f. 75 c.

Haras (des) domestiques en France; par *J.-B. Huzard* fils. 1829, in-8................... 6 f. et 7 f. 50 c.

Instructions sur les soins à donner aux chevaux pour les conserver en santé sur les routes; par M. *Huzard*. Paris, 1817, in-8............... 1 f. 50 c. et 1 f. 75 c.

Traité du pied, considéré dans les animaux domestiques; par *J. Girard*. 2e édit. Paris, 1828, in-8, fig. .... 6 f. et 7 f. 50 c.

Traité analytique de médecine légale vétérinaire; par *Rodet*. 1827, in-12.................. 4 fr. et 5 f.

Art de faire le beurre et les meilleurs fromages. 1828, in-8.................... 4 f. 50 c. et 5 f. 50 c.

Extrait de l'instruction pour les bergers et les propriétaires de troupeaux; par *Daubenton*; 5e édit. avec notes de M. *Huzard* fils. 1 vol. in-12. 1 f. 50 et 2 f.

Instruction sur la manière de conduire et gouverner les vaches laitières; par *Chabert* et *Huzard*. 1807, in-8..................... 1 f. 25 c. et 1 f. 50 c.

Instruction sur les bêtes à laine, manière de former les bons troupeaux, de les multiplier; par M. *Tessier*. Fig....................5 f. 50 c. et 6 f. 75 c.

Maladies (des) contagieuses des bêtes à laine; par *Ad. de Gasparin*. In-8............ 3 f. 50 c. et 4 f. 25 c.

Manuel de la fille de basse-cour, pour élever, nourrir, engraisser les animaux. Paris, 1830, in-18..................................... 1 f. 50 c. et 2 f.

Manuel du bouvier, ou Traité de la médecine pratique des bêtes à cornes, par *Robinet*; revu par M. *Huzard* fils. Paris, 1826, 2 vol. in-12...... 6 f. et 7 f. 60 c.

Mémoires sur l'éducation, les maladies, l'engrais et l'emploi du porc; par *Erich Viborg* et *Young*. 2e édit., fig......................... 4 f. 50 c. et 5 f.

Traité des bêtes à laine d'Espagne; par *Lasteyrie*. In-8, fig................................. 5 f. et 6 f.

Éléments d'agriculture pratique; par M. *David Low*, professeur d'agriculture à l'université d'Édimbourg, membre correspondant de la Société royale et centrale d'agriculture de France, etc.; traduit de l'anglais par M. *Lainé*, consul de France à Liverpool. — 2 vol. in-8, ornés de 225 fig. gravées sur bois par les meilleurs artistes................. 12 fr. et 15 fr.

Agriculture pratique et raisonnée; par sir *John Sinclair*; trad. par *C.-J.-A. Mathieu de Dombasle*. 2 vol. in-8, fig....................... 15 fr. et 19 fr.

Agriculture pratique de la Flandre; par M. *van Aelbroeck*. 1830, *avec supplément* 1835; in-8, 16 planch. .... 8 fr. et 9 fr. 50 c.

— *Supplément.* Mémoire sur les prairies aigres; 1835, in-8........................ 1 f. 25 c. et 1 f. 50 c.

AGRICULTURE en Europe et en Amérique; par M. *Deby.* 1825, 2 vol. in-8............... 10 f. ou 12 f. 25 c.

CHIMIE appliquée à l'agriculture; par *Chaptal.* 2e édit., 1829, 2 vol. in-8..................... 13 f. et 16 f.

COURS complet, ou Dictionnaire universel d'agriculture pratique, d'économie rurale et domestique, et de médecine vétérinaire, par l'abbé *Rozier*; revu par MM. *Sonnini, Tollart,* etc. 7 vol. in-8, fig.... 35 f.

COURS de culture, par *A. Thoüin*; publié par *Oscar Leclerc.* Paris, 1827, 3 vol. in-8, et atlas de 65 pl., cart.. 35 f.

GUIDE des propriétaires de biens ruraux affermés; par M. *de Gasparin.* Paris, 1829, in-8..6 f. et 7 f. 50 c.

GUIDE des propriétaires de biens soumis au métayage, et culture de la GARANCE, du SAFRAN et de l'OLIVIER; par M. *de Gasparin.* Paris, 1836, in-8..............
.... 6 f. et 7 f. 50 c.

MANUEL pratique du laboureur; par *Chabouillé-Dupetitmont,* cultivateur, 2e édit. Paris, 1826, 2 vol. in-12, fig....................... 8 f. et 10 f.

MÉMOIRES sur l'agriculture, la culture des terres, le desséchement des étangs et des marais; par *Varennes-Fenille.* Paris, 1808, in-8... 3 f. et 3 f. 75 c.

MOYENS d'améliorer l'agriculture en France, particulièrement dans les provinces les moins riches; par *M. Bigot de Morogues.* Orléans, 1822, 2 vol. in-8.
.... 12 f. et 15 f.

THÉATRE et mesnage des champs, d'*Olivier de Serres,* dans lequel est représenté tout ce qui est requis et nécessaire pour bien dresser, gouverner, enrichir et embellir la maison rustique; nouvelle édit., publiée par la Société d'agriculture de la Seine, 1804, 2 vol. in-4, fig., br..................... 36 f. et 46 f.

Traité des prairies artificielles, ou Recherches sur les espèces de plantes qu'on peut cultiver avec le plus d'avantage en prairies artificielles; par *Gilbert.* 6e édit. avec notes; par *A. Yvart.* 1826, in-8....... .... 5 f. et 6 f. 50 c.
Traité général de l'irrigation, contenant diverses méthodes d'arroser les prés et jardins, par *Tatham*; trad. de l'angl. Paris, 1805, in-8, fig.... 5 f. et 6 f.
Traité général des prairies et de leur irrigation; par *Ch. d'Ourches.* 2e édit. Paris, 1806, in-8, fig........ .... 4 f. 50 c. et 5 f. 25 c.
Voyage en Espagne, ou Recherches sur les arrosages, sur les lois et coutumes qui les régissent; par M. *Jaubert de Passa.* Orné de 6 cartes. 1823, 2 vol. in-8. .... 15 f. et 18 f.
Culture (de la) des betteraves, rutabagas, choux et autres plantes sarclées, par *W. Cobbett*; trad. de l'angl. par *L. Valcourt.* Paris, 1835, in-8......... .... 2 f. 25 c. et 2 f. 60 c.
Aperçu général des forêts; par *C. d'Ourches.* 1805, 2 vol. in-8 avec 39 pl................ 12 f. et 15 f.
Mémoire sur l'administration forestière, sur les qualités individuelles des bois indigènes; par *Varennes-Fenille*; 2e édit. Paris, 1807, 2 vol. in-8............ .... 6 f. et 7 f. 50 c.
Traité des arbres forestiers, ou Histoire et description des arbres dont la tige a de 30 à 120 pieds d'élévation; par M. *Jaume-Saint-Hilaire.* 1824, in-4, 90 pl. col. .... 80 f.
Plans raisonnés de toutes les espèces de jardins; par M. *Gabriel Thouin.* 3e édit., 1828, in-fol. cartonné, fig., sable et eaux coloriés.................... 60 f.
— Fig. entièrement coloriées................ 100 f.

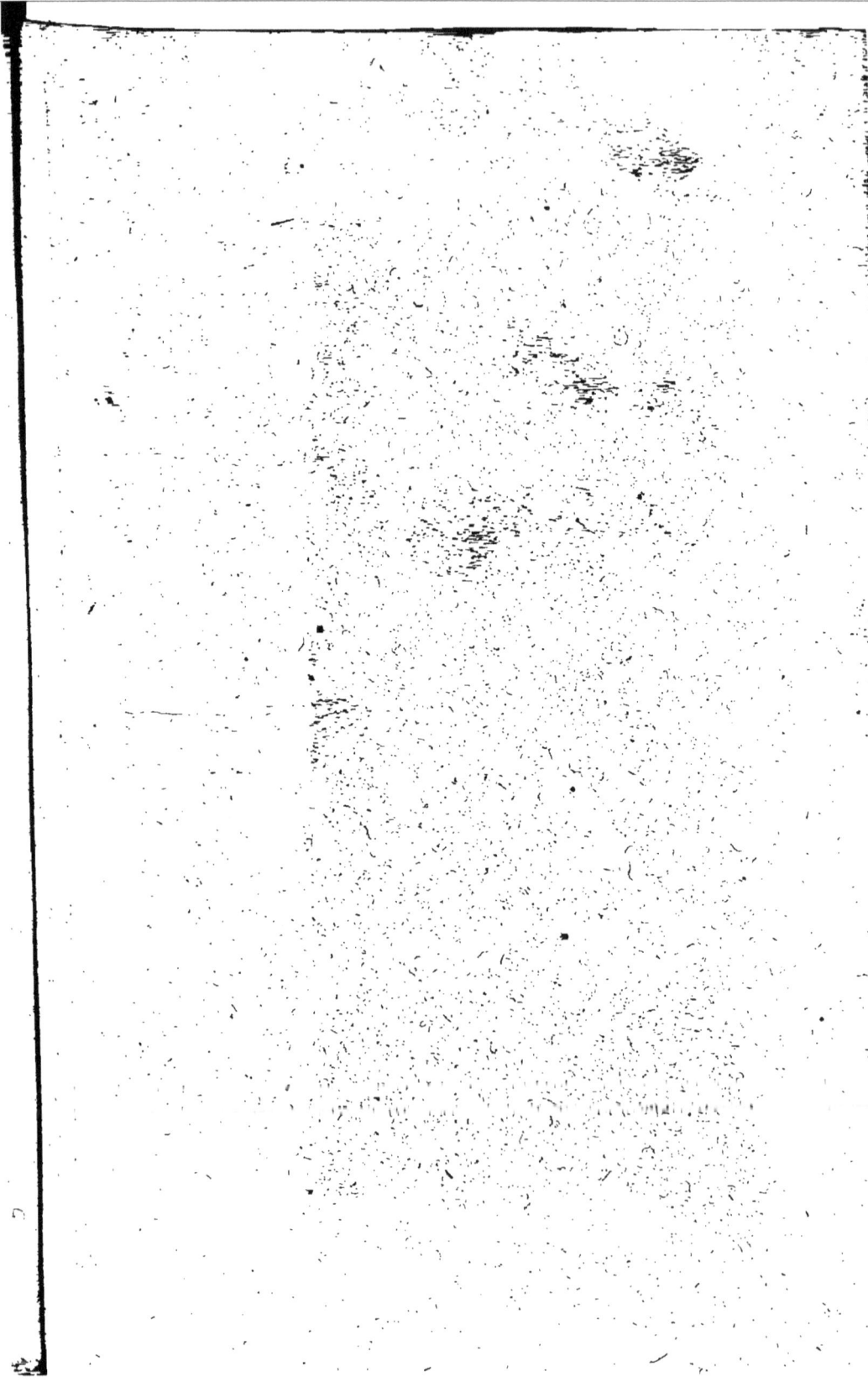

www.ingramcontent.com/pod-product-compliance
Lightning Source LLC
Chambersburg PA
CBHW070525170426
43200CB00011B/2330